赤子之心

老子道德經講義（德篇）

救世主 王慈愛／審定
新宇宙神權／開示
雲深法明（俗家名王庥霖）／著

目錄CONTENTS

救世主王慈愛 開示

一、我的第一個考驗，是須以肉身調動地球的神佛菩薩參戰，而我辦到了。

二、彌勒淨土的功德量由此起頭，到2013年元月3日初步完成，神權參戰陣容已至300萬尊一切如來。

三、業力看不見，福報看不見
造惡增加業力，行善增加福報。
如何選擇？全在自己的一念之間。
改變別人太難，改變自己最快
堅持不做壞事，再不好的逆境，都會止住

四、事例，舊宇宙神權的崩潰，神權在渡劫
天，丟給我一個超級大的爛攤子，看我能如何？

五、耐住性子，逐一打理，解決每個當下，遇到的事情
善心的堆疊，逐漸累積龐大的功德量，
猶如防護罩般的護著大家，護著新宇宙。

六、預言：四千多年前，姜子牙的乾坤萬年歌
一千多年的推背圖
五百多年前的劉伯溫預言，金陵塔碑文。
早就寫在那裏。

七、我只是逐一解決，自己當下所面臨的問題
一心想要改變困境，所以願意幫弟子彌勒佛
完成彌勒淨土的功德量
要死，讓造業的人、神靈去就好
我們不陪葬，團結所有善的力量
終究，另闢出路，另起爐灶和大天（眾神尊、眾星球、眾靈，含轉世空間等，統稱大天）執行長，創立新宇宙神權。
直到2018年，神權成功渡過劫難。

八、忽然間，領悟到，原來天，不是在刁難我
在我歷經重重的危難之後，原來，執行預言的兌現成真
竟然是天賜給我　最美的禮物
新宇宙神權　女王的寶座　神權亦稱我為救世主

九、法要：做就是，您怎知？
天要賜給您什麼？
用心，把事做好，才有可能有奇蹟發生。

十、萬事起頭難
我感恩起初幫我助戰的地球眾神佛菩薩
所以，在我成功之後，才會幫地球的神尊鋪路
以神權給我的酬勞，買單，打理好，地球的黃金千年

神尊已大量轉世人間，希望太平盛世在人間兑現。

PS. 在2022.11.22我溝通→地球母親
能不能把黃石公園，富士山的火山爆發
災難降至最低，或轉化為地熱，轉成能源，可使用
化災難為呈祥
地球回答：會盡力，但不敢保證什麼
我感恩　願意幫忙，已經很好

王慈愛　于2022.12.2

自序：每個人的心中都有一位小王子

真是有趣呀，世人稱他作「老子」，

偏偏他老人家要教我們找回「心中的小王子（赤子之心）」。

－　－　－　－　－　－　－　－　－　－　－

你，看見的，是一頂帽子？還是一條蛇吞了大象？（人心不足蛇吞象？）

《小王子》對我來說，一直都是一個美好的故事。「小王子」對我而言，是一個美好的意象——單純而真摯。不管我這個身體長得多大，年紀多長，祝願我的內在，永遠都是一位小王子（保有赤子之心）。

其實我不懂，為什麼地球人要把自己過得這麼辛苦？但，不知不覺間，我好像也開始活得辛苦。以前，我一直覺得自己不像地球人，我老是覺得自己不太接地氣，簡直就像個外星人。

從小，就對「尼斯湖水怪、大腳怪、雪人、金字塔、另一個世界、神祕的南極、地心人、外星人……」

感到興趣。事實上，在我的生活中，可以與我聊這些的人簡直屈指可數。但是，這些不是很有趣嗎？是和我們同處於一個世界上的事。可能，「從小叢林冒險的夢想」正代表著我對未知世界的好奇心吧，相當有趣。

當小孩逐漸長成大人，而在大人的世界裡，似乎少了那些美好的單純，多了「許多機巧的世故」和「對彼此的不理解」。

《小王子》裡的飛行員，他小時候拿著一張圖（圖一），給許多大人看，但大家都認為是一頂帽子。而他又畫了第二張圖（圖二）做說明，原來是一條蛇吞了一頭大象。他認真地向大人們說明著，可是大人要他不要再畫那些有的沒的，應該好好讀書、學習。於是，他慢慢地活成「大人們期待他長成的樣子」，直至他最終也成為大人。人們也是如此，在稠密的物質界裡生活著，逐漸活成「看不見、不理解，乃至於否定『靈性存在』的人」。

圖一

圖二

那位充滿童趣與想像力的人到哪兒去啦？那位開開心心活日子的人兒，到哪兒去啦？您們那閃耀著光芒的靈魂，又到哪兒去了呢？您們是不是在不知不覺中，活

成「別人期待你活成的樣子」？

我並不想當一位乖寶寶，也不想當一位好學生，這不是說我不想朝向善的方向努力，也不是說我具有反社會人格，否則，也不用整理這份《老子道德經講義》了。

我的意思是「我並不想成為人們標籤底下的好學生、乖寶寶」，我要成為「我自己心目中的小王子、小太陽」，我希望自性之光能夠覺醒，而不是為了「任何人的要求或期待」而覺醒，只是單純地想覺醒而覺醒。

在至今坎坎坷坷的人生路途上，我也不知道為什麼會遇到這樣多「奇妙的事」？說實在話，那些時候，真的很苦。用現在一些人的話語來說，可能會稱作「靈魂暗夜」。不過我想：度過了暗夜，黎明就到來了。

2022年，對我來說，仍是奇妙的一年。從上一本《好運的泉源——把人做好：老子道德經講義（道篇）》，到這本《赤子之心：老子道德經講義（德篇）》，我沒有想過自己能從事這個工作，感恩　救世主王慈愛，以及新宇宙神權的引導。

昨天，我讀梅原猛《日本的森林哲學》，讀到一位「提倡專修念佛的法然」，看到其中有一段話，說：

「當法然變成民眾尊敬、擁戴的對象時，也成了舊派佛教憎恨的箭靶。……時代在對於法然的毀譽參半之下，迎向鎌倉時期的佛教。」（P115）

哈，感覺，好像是新宇宙神權在提醒我「做好心理準備」。

我不是要把自己比做法然法師，也不是說想要誰擁戴，只是剛好看到上述這段話，剛好想到那樣飽受爭議的處境，的確很像自己可能會遇到的景況。

不論是《好運的泉源——把人做好》或《赤子之心》，我想，都是相當引發爭議的書。當時，出版社問我《好運的泉源——把人做好》這本書要不要做一些廣告行銷，譬如在書店放廣告插牌之類的。他們問了幾次，而當我還在考慮時，卻又傳了一封mail告訴我：「依書店審查建議，《好運的泉源》《2019：預言到兌現》書籍內容涉及敏感，故不便受理這2本書宣傳，特此回覆。」

我也只是回覆他「收到您的來信，了解，辛苦了」

我現下在佛門中，關於這些書中的內容，哪些會遭受批評、質疑，我並非不清楚。為什麼以「雲深」作為別號？其中一個原因是「但問何所住，雲深不知處」，

就學老聃一樣遁隱起來，不用去管人世間的批評漫罵、是毀是譽。但，在現今的網絡發達的社會裡，好像不大容易。只是很希望地球朋友們，能多用一點「彈性與試圖理解的心靈」去了解一下您們尚未知曉的訊息。

那為什麼明知會被抨擊，還是想和大家分享？

我只是一位想要過得幸福快樂的普通人，不會無端去招惹人們抨擊。然而，因為看到　救世主王慈愛，祂那「不畏死亡，也想圓滿祂的願——希望我們地球人得救的信念」，感動了我。此外，也因為自己走了一大段坎坷的路，吃了一些札心的苦，而希望大家能夠活得明白，過得幸福快樂，不要和我那般苦。同時，也是希望我們地球人能順利渡劫的緣故。

因此，既然有幸得聞來自　救世主和新宇宙神權的開示，也會想發心「把這些珍貴的開示」以及「目前得知地球的現況」轉述給地球人。讓地球友人們也能得知這些珍貴的信息，而能在「修行／修心」上，有個參照。同時也能在「現下危難的地球變局中」，做出正確的選擇，能夠順利渡劫，找到一條光明的生路。

以上這些，都是「明知會被抨擊，還是想和大家分享」的原因。其實，我個人，原本是沒有這分享的權限，權限在救世主。是　救世主慈悲指示，並予以校閱審定，雲深才得以安心與諸位分享。

感恩　救世主王慈愛，感恩新宇宙神權。

「家家觀世音，戶戶阿彌陀」是我的信念，這不是要大家都非得進入佛門不可，而是「希望人人都能認知宇宙運行的規律、人生的真義，大家都知道怎麼修，怎麼行，在修行領域、心靈層次都能有所提升。」簡單來說，我不希望您們遭受那些我曾遭受的苦。

順此理念而來，對現代社會，最理想的修學／修行狀態，就是「人人都能知道『真正的，修行／修心方法』，大家都能依著這些心法（修行之法）去行，真正不理解的，能有明眼人、善知識點開我們的盲區。然後，再繼續各自調整。大家身為地球人，共同為地球盡一份心力，各自在各自的場域付出、發光發熱，而能不枉此生。」超越宗教的界域，只是單純地探索宇宙真理。如此一來，或可稱作「真正的依法不依人」了。

當然，這是地球的輪值佛才做得到的。很期待：我們地球人能真正渡過地球危機，不要有世界大戰，也不要有核戰，大家真正進入黃金千年。然後，繼續由地球的輪值佛帶領我們達成「真正意義上的『家家觀世音，戶戶阿彌陀』。」

所以，「宗教」一詞對某些人而言，是「各宗各教」。但對我而言，宗教「是理念的傳遞」，「只是語境的不同」。誠如，我不想「被定義為好學生、乖寶寶」，我也不想被定義為一名宗教人士。那是某些人的框框，不是我的。

話說，這輩子的生日是3月8日，據說在這天生日的人，特質是「絕不妥協」。哦哦，這麼叛逆的嗎？（笑）　所以，請，拜託，大家不要要求我要擺出那個「一定要坐得端端正正，不苟言笑」的修行人模樣，那不是我想活成的樣子。如果，那天您們看到我「不苟言笑」，那大概是被您們抨擊到笑不出來了。（笑。懺悔，其實是自己功夫不夠）

祝福大家都能找到「內在的小王子、小公主」，不是「王子病、公主病」那一種，而是順應下永恆新宇宙精神——「真心、真愛、真性情、真修實鍊、真修實行」的那一種「赤子之心」。祝福您們開心、自在、快樂、幸福。

★ 救世主王慈愛：真理，誰來講都一樣，只是人事物的不同。

雲深法明　2022年10月23日（日）08:32

亂世中的出路

如果您看了前面的自序〈每個人的心中都有一位小王子〉，可能，有一些人會覺得我思想很奇怪。

可是，不知道大家沒有沒考慮過一個「現實」——畢竟我們現今的世代，已經不是那個以象軍、騎兵、投石機攻城的年代。也不僅止於槍砲戰爭的年代。現今，我們所面對的是：「核武危機的世代」。而真實情況是「地球人心，遠遠不能夠駕馭核子武器」。也就是說，地球人的心性、心靈層次，還沒有高到「能夠完全不使核武」的程度。這是很讓人憂心的事情。

這不是危言聳聽，而是一個在日常生活中，往往被忽略的事實。以前我也不是怎麼關心這些事的人，彷彿那只是歷史教科書裡的事。乃至今日，我也只不過是稍稍覺知到這事非同小可，很多時候，我也在生活的潮流中，忽略了這些。因此，我或許能理解「何以大多數地球人在日常生活中，不太真正關心這些事。」

不過，生命出乎意料地「把我推向一個我未曾預料的軌道上」去，一方面很感恩　救世主王慈愛，以及　新宇宙神權。一方面，回想起來，有時有種：「怎

麼會是我」的作夢般的感覺。實際上，我深感榮幸。但也為此，自己彷彿也承受了比其他同齡人更多精神上的孤獨，彷彿自己是一個「不被理解的存在」，就像故事裡的「小王子」一般，一方面保有著童心，一方面也得面對世人的不理解。

生活中，我不太容易向周遭的人轉述這些。那種感覺，好像是「有些東西，我應該轉述給世人，不能把它們獨自帶到另一個世界。然而，卻又好像沒什麼人願意理解。」用現代人的語言，好像有種「喉輪卡住」的感覺。感恩　救世主王慈愛，賜予這個「整理道德經講義的因緣」，以及　新宇宙神權的願意成全，這讓彷若處於「困鎖的狀態」的我，得到了一種「解封」。

而更重要的是：如果，地球上的大家，能藉此真正體認到地球現今的處境。那麼，我們在「判斷事情」與「做出選擇」上，一定會有很大的調整。我們地球人現下，可是處於「同舟共濟，若存若亡」的處境呢。

所以，是不是懇請大家睜開眼，看看我們所處的局勢，正視「我們正面臨的種種問題與危機」。

而「所謂的宗教」若不能發揮「協助人們走上正軌的作用」，那真是令人遺憾的事情。是不是請各宗教領導人，乃至政治領導人，看一看現今的局勢，做出最有益於「讓大家渡過危機」的決定？

不過，說實在話，單靠各宗教領導人、政治領導人，實在讓人不放心。因此，「地球人各自的自覺與覺醒」，將會是關鍵的因素。就像「一盞燈光，去點亮另一盞，慢慢地愈來愈多燈光點亮起來」一般。

協助大家理解地球現況、處境，是很重要的第一步。關於這點，　救世主王慈愛，在2022年7月25日，已「向地球人說明大局」。也已將同名〈向地球人說明大局〉一文發布至網路上[1]。

〈向地球人說明大局〉這篇文章，也已翻譯成英文"Instruction of the New Universe God of Power Explain to the people of the Earth about the overall situaiton"，與日文〈地球人へ大局について説明〉，收入於《一念之間，再回世界末日？》。

我們地球人，究竟想要朝向何樣的未來？

現在正處於「我們全體地球人必須做出正確決定」的關鍵時刻。

1　連結網址　https://zh-tw.facebook.com/shinowen26473/

在自序中，雲深用比較輕鬆的態度表達，在這篇說明中，會顯得稍微厚重。因為，這是我們現今地球人共同面對的事情，而這些事情是如此地急迫而深切。

「我們的決定，將影響我們的未來。」

當然，也不是要造成社會恐慌，而在這險峻的局勢裡，乾著急也沒有用。我們還是得過好生活，並且冷靜地走出一條生路。而老子所提示我們的「合道而行」，真的是一條明確的方向。

「但願我們善用自由意志，做出最正確的選擇。」

雲深法明

于2022年10月26日 14:46

★ 2022年9月25日，救世主王慈愛：

「神奇的前世今生，原來憨山大師的前世是大名鼎鼎的蘇東坡。

而傳奇的虛雲老和尚是憨山大師轉世。

道德經的詮釋，麻霖選用憨山大師所釋意，還真是用對了。」

前言——本書相關說明

1. 編著因緣：

承蒙　救世主王慈愛慈悲指示：「有因緣可講道德經」，及　新宇宙神權開示，方有編輯此書之因緣，亦方能圓滿此書。相當感恩

2. 本書範圍：

本書續著《好運的泉源——把人做好：老子道德經講義（道篇）》而來，感恩　救世主賜名《赤子之心：老子道德經講義（德篇）》。

此二書，即為此次對《老子道德經》之註解。

「道篇」為第1章至37章，本書「德篇」為第38至81章。

3. 參考文本：

此講義，仍以「明．憨山德清著：《老子道德經憨山解／莊子內篇憨山註》」為主要參考文本。

4. 分段說明：

各章當中，為了方便讀者閱讀，會加以分段說明。譬如，第55章，即從「解讀(55-1)」到「解讀(55-5)」。實際上，老子並未這樣分段，您們也未必要這樣分段。諸位看過「各章解讀」之後，整體進行理解時，請仍以「理解整章、整章的旨意」為優先。

5. 解義目標：

大道至簡。「解讀」時，本書儘量以「譯為現代話」做為方向，期能用「相對簡明的方式」讓現代人理解。

（然而，倘若翻譯得「沒有那麼到位」的部分，請多包涵）

老子道德經講義（德篇）

38.上德不德，是以有德；下德不失德，是以無德。
上德無為而無以為；下德為之而有以為。
上仁為之而無以為；上義為之而有以為。
上禮為之而莫之應，則攘臂而仍之。
故失道而後德，失德而後仁，失仁而後義，失義而後禮。
夫禮者，忠信之薄，而亂之首。
前識者，道之華，而愚之始。
是以大丈夫處其厚，不居其薄；處其實，不居其華。
故去彼取此。

▲憨山解：此言世降道衰，失真愈遠，教人當返其本也。

★救世主：愈想得到，愈得不到。

解讀(38-1) 上德不德，是以有德；下德不失德，是以無德。

合道者，單純地順道而行，因此性德自然彰顯，也不覺得自己是一位有德者，因此，這反而成就這個「德」。

「下德」，不妨解作「尚未合道者」。尚未合道者，老是惦念著自己的德行，因此沒有辦法「全德——圓滿其德行」。

這有點類似電影《達摩祖師傳》當中，梁武帝請問達摩祖師：「自朕登基以來，修佛寺，造佛像，抄寫經卷，供養僧侶無數。敢問大師，朕有何功德？」

達摩祖師開解他：「無功無德。這好比隨行的影子，說是有，實際上卻是沒有」。

解讀(38-2) 上德無為而無以為；下德為之而有以為。

■「上德無為而無以為」

合道者，順著宇宙運行的規律而行，看似沒有做什麼，其實與道合拍，而又沒有一個「我在做什麼的念頭」，這就是說明「與道冥合」的狀態。

■「下德為之而有以為」

未合道者，相對而言，就是有點「刻意為之」，多了一道「人為斧鑿的痕跡」，不似「天工造化之渾然天成」。而且還會「惦念著『我在合道』的念

想」。不過，對於「真心要與道冥合的人」而言，這也只是個過程。但對於，以「耽著世間名望財利」為出發心的人，則將容易走向墮落（逆道而行）。

解讀(38-3) **上仁為之而無以為；上義為之而有以為。**

這段，理路跟上段相同。只是，又用了「仁義」來形容。

解讀(38-4) **上禮為之而莫之應，則攘臂而仍之。**

這裡是說，隨著世道的遷移，到了連「想要以禮化導世俗」，也沒有什麼人理會的時局。「攘臂」就表示「反對，沒有人理會」。不但不予理會，而且還「仍之」。「仍之」，憨山法師解作「相因而報復」。（相因，可解作「接續著之前的因由」）

關於「**攘臂而仍之**」，也可以參照第69章的「行無行；攘無臂；仍無敵；執無兵」之說。

解讀(38-5) **故失道而後德，失德而後仁，失仁而後義，失義而後禮。**

這段再次把「道－德－仁－義－禮」給排了一個次序。

「道」，我們在上一本書《好運的泉源——把人做好：老子道德經講義（道篇）》當中，已與大家分享。

救世主開示：「道，就是宇宙運行的規律。」而在此，道，「顯化」於人世間，彷佛又衍生出「德、仁、義、禮」。

而「道－德－仁－義－禮」這樣的「次序本身」，其實旨在說明「世風日下，人心不古」的現象。

「德、仁、義、禮」在現代人的眼中，不大被重視。

在這樣的世道，「德、仁、義、禮」的源頭——「道」也就更加隱沒於森羅萬象當中。我們曾說過「道－宇宙規律，運行於一切，運行於森羅萬象。」既然如此，對於「道本身」哪有什麼隱沒不隱沒的問題。這是就著「人對於道冥合與否」而言，才有隱沒，或不隱沒的差別。意思就是，如果人「冥合於道」，那麼，對人而言，道並未隱沒。那麼，人若是「違悖於道」，那麼對於人而言，「道」當然就好似隱沒了一般。

這種現象，類似於《一切如來心祕密全身舍利寶篋印陀羅尼經》，經中所說的狀況。世尊路經一土聚，知此土堆實是一殊妙的寶塔，然而「由諸眾生業果劣故隱

蔽不現」。當時，釋迦世尊就禮敬這一寶塔，並右繞三匝，脫身上衣覆護著這座寶塔。在金剛手菩薩的啟問之下，世尊述說了此塔的因緣。

您們若對這段想要了解，可以請《一切如來心祕密全身舍利寶篋印陀羅尼經》來閱讀。

在這當中，佛眼觀之，「寶塔」還是寶塔；俗眼觀之，已為土聚。同樣意思，「道」猶然是道，「道的本身」未曾消失，但對人而言，則有「隱沒與否」之別。釋迦世尊開解得相當深刻：「由諸眾生業果劣故隱蔽不現」（由於眾生造諸惡業，導致果報劣下的緣故，所以隱匿起來，彷佛不存在一般。）。

「道」。「道——宇宙運行規律」是極其無形無象的。

「德」，好像有一些可察覺的「狀態、徵兆」，譬如「不爭之德、無為、無私、無我……」，但還是相對抽象。

到了「仁」，還是傾向於在「心性」上談論。

到了「義」。「義」有說是「正正當當的行為」，或應稱作「行為正直」。感覺開始從行為上檢驗了。

「禮」　禮，就開始有點是「設立教條」的情形。譬如周公制周禮，釋迦牟尼佛制戒，摩西十誡……。我不確定把這些併在一起看，是不是合宜，不過，這些都有一種「開始設立規矩、規約」的意味在裡頭。

在這樣的現象中，我們看到「從無形到有形的顯化過程」，這樣的顯化過程，不能說它不好，也不能說它不對。像新宇宙中，地球有相應於地球的「規則／天規／運作規範」，各星球維度不同，有各自相應的遵行條約。因為，我們一般人，對於「無形無象」的「道——宇宙運行的規律」不甚理解，而對於「可見的，有形有象」的「條約、行為」，反而是較容易察覺的。或許，這就是不得不從「道－德－仁－義」，一路調整到需要「禮」出現的緣故。

然而，雖然「禮——種種的戒條、規約」出現了，但畢竟，在過去也有「禮崩樂壞」的前車之鑑。所以，我們地球人，若是能夠渡劫成功，順利進入黃金千年。要如何讓我們的生活，恢復到「能與道冥合」的狀態，這將是我們地球人共同要思索的。

解讀(38-6)　**夫禮者，忠信之薄，而亂之首。前識者，道之華，而愚之始。**

「夫禮者，忠信之薄，而亂之首。」

而老子在此，認為：「禮」的出現，這是表示「忠實、誠信」已經薄弱了，「禮的出現」是什麼的徵兆？是「世道亂了」的「徵兆」。

譬如，「遵守交通規則」這可說是「一種禮」。大家都願意遵守交通規則，願意互相禮讓，這原本是「人與人之間的一種美德」。然而，如果大家不願意遵守（忠信之薄），就會開始衍生出種種的罰則，譬如「闖紅燈要罰多少錢」之類。這就是「世道亂了」，才開始要運用到罰則。

就像佛門中，七佛略教戒偈，講的都很簡單。

譬如「一切惡莫作，當奉行諸善，自淨其志意，是則諸佛教」這是迦葉如來的教誡，講的就這麼簡單。意思就是大家常聽到的「諸惡莫作，眾善奉行」，再加上「把心管好」，這是「諸佛所教導的」。道理，就這麼簡明，不是很難理解呀。

但是，人心亂了的時候，就會開始有很多的「規定、規約」。

問題誠如前面所說，我們要如何在「因緣時節不同、人類文明、思維、環境、狀態等不同」的前提下，將「原本而一直存在的『道』」，再次體現／顯化於我們這個時代呢？是一成不變地死守著過去的教條？還是能從這些「禮教、戒條的規約當中」發掘出能再次滋潤人心的活水？我想，這是相當重要，且值得人們審視的問題。

「前識者，道之華，而愚之始。」

「前識」，應該可以解作兩種解讀。對於「前識」一詞的解讀方法不同，也就會影響到後邊的文句。我們直接從兩種解讀角度切入。

A. 憨山法師解：「前識，猶言蚤智，謂明見利害於未然者。」簡單地來說，「前識，就是一種『發現徵兆的能力』。」相對應的成語，如「先見之明」。

在這種解讀裡，憨山法師對於「**道之華，而愚之始**」的解釋，就變成「各人對於『先見之明』能力的運用不同，就有不同的作用。」

什麼意思呢？就是憨山法師認為，雖然同樣是「蚤智／先見之明／發現徵兆的能力」，但「用心不同，作用也不同」。憨山法師把這分成三類：

(1) 對於聖人而言，能夠「用以明哲保身」，「先見之明」是一種權宜運用。譬如，「觀機逗教」也

是需要有一定程度的「先見之明」。

(2) 有的人則用為「避名全節之計」。憨山法師認為這是「好高而務名」，他說「名者實之賓，故謂道之華」。

簡言之：先見之明若是被用來追逐好名聲，這並不是「道的根本方向」。

賓，客人，在此有「附帶」的意思。譬如，「一個人修養好，自然有好名聲」跟「一個人為了有好名聲，而修養」，兩者是不同的，「道之華」，在此就偏向於後者。

(3) 則成為「縱橫遊說」的謀士或辯士。這在憨山法師看來，是「離道最遠的」，所以他認為這是「愚之始」。

意思大概是：本來「先見之明」也是很棒的能力，可是卻完全被用來作為追逐名聞利養，這真是愚昧呀。

(3)與(2)的不同在於：

(2) 雖然是為求好名聲，但至少還有在修養。

(3) 則已不顧修養與否，淪為追逐名利之人了。

B. 「前識者」，也通於「前誌者」，也就是指「前面所說的——德、仁、義、禮」。

在這個脈絡裡，

■**前識者**　指「德、仁、義、禮」，特別指向「禮」，在此尤其是指稱「徒留形式，而無實質精神」的項目。

■**道之華**　即「德、仁、義、禮」是由「道」衍生出來的。

■**而愚之始**　「愚」在此宜解作「去道遠矣」。

整句就是：雖說「德、仁、義、禮」，從「道」衍生而出，但這也正說明「世人去道遠矣」情形的發生。

解讀(38-7)　**是以大丈夫處其厚，不居其薄；處其實，不居其華。故去彼取此。**

■**取此**：即「**處其厚、處其實**」，實指「安守於道、依道而行」。

■去彼：即「不居其薄、不居其華」，指「不居於枝節末流」。「枝節末流」如上所說，或者是「淪為追逐名利」，也或者是「徒留形式者」。

這裡要說明的是：「德、仁、義、禮」並不是不好，但是，只要變成「徒留形式」，那就會產生問題。表面問題是「禮崩樂壞」，核心問題是「人們，在這些形式當中，已經難以合於實質精神」。換個方式說，就是「人們已不容易從這些禮教、戒條、規約當中，真正體會『宇宙運行規律』的核心價值。」當遇到這個時刻，我們地球人應該靜下心來，好好反思。

第38章重點：

綜觀第38章，這也是《道德經》「德篇」的開章。

德，古代金文寫作「悳」，直＋心。會「內心正直」之意。

老聃點明：從「道」，而「德→仁→義」，一路到「禮」，這一個「世風日下，人心不古」的景況。同時，提醒我們要「處厚不居薄，處實不居華」。

其實，這就是在說「復本還源」。

不論是從「人心的變異」而論，或是「從道，到禮的開展」而言，「復本還源」都是很重要的工作。而，究竟是「復什麼本，還什麼源」？說到底，還是「在說明『與道冥合』的狀態」。

就像佛門說「回歸自性」。自性怎麼回歸？「與宇宙規律合一」就是通往回歸的路。

而在老子第38章的脈絡中，如何從「禮→義→仁→德」，一路往上回溯到「道」，這也可視為是「一條『回返自性／復本還源』的路」。

不過，**更簡明的方式是：直接理解「宇宙運行的規律」，然後直接從這規律切入，修正我們的心、行，這是更為簡捷的。而老子在「道德經」，就是試圖在跟我們闡明這樣的一個切入點。《道德經》第38章正是這樣的角度。**

「大丈夫處其厚，不居其薄；處其實，不居其華」。直接從「根本處」入手。這個「根本處」，「在宇宙規律，曰道。在人，曰心。」雖

然，「道」無形、無象、無聲，又不可捉摸，但老子就是試圖在對我們說明這個「形而上的宇宙運行規律」。

此外，「世風日下，人心不古」雖然道出人心的變異。但這句話，其實這也正暗示着扭轉的樞鈕——即「心，才是重點」。

所以，若「處其厚、處其實」的這個「厚實」是指「森羅萬象的基礎——道」，而「不居其薄、不居其華」，是指「不要落於徒留形式的修持」。那麼，身為神權之一的老子，真是點出了重點。

重點就在：心與道合

★ 救世主王慈愛開示：佛法即是簡單，不在於支支節節，一切在於心。

39. 昔之得一者：

天得一以清；地得一以寧；

神得一以靈；谷得一以盈；

萬物得一以生；侯王得一以為天下貞。其致之，一也。

天無以清，將恐裂；地無以寧，將恐發；

神無以靈，將恐歇；谷無以盈，將恐竭；

萬物無以生，將恐滅；侯王無以貴高將恐蹶。

故貴以賤為本，高以下為基。是以侯王自稱孤、寡、不穀。

此非以賤為本耶？非乎？故致數車無車。不欲琭琭如玉，珞珞如石。

▲憨山解：此言道無為而無不為，以明無用之用為大用。欲君人者，當以無為而治也。

解讀(39-1) 昔之得一者：天得一以清；

地得一以寧；神得一以靈；

谷得一以盈；萬物得一以生；

侯王得一以為天下貞。其致之，一也。

「得一」，實際上，是指「合一」。何謂「合一」，與「道——宇宙運行的規律」合一。

天清，地寧，神靈，谷盈，乃至於萬物生，侯王貞天下，其重點還是在與「合一」。

所以，道，其實也不用一直說。

應用在修行上，其實也是如此。

我們一直很希望實現「家家觀世音，戶戶阿彌陀」這個理想。但很可惜，你們地球人，老是誤解我們的意思。我們理解的觀世音和阿彌陀，與您們認知的不一樣。您們所認知的觀世音和阿彌陀，似乎一直都只停留在宗教的派別裡頭，這對我們來說，是很怪異的。

您們總是嘴裡說著「無相」，但只要觀世音菩薩長得不像您們所理解的，那彷彿祂就不是觀世音菩薩了。換句話說，您們所認識的阿彌陀佛，也彷彿只能是您們所認識的阿彌陀佛形象。

回到實現「家家觀世音，戶戶阿彌陀」這個理想。

是誰？教導了您們，「每家都『唸』觀世音，每戶都『唸』阿彌陀佛，才叫作『家家觀世音，戶戶阿彌陀』呢？」

「家家觀世音，戶戶阿彌陀」的真正意義是——家家戶戶，各人都能理解各自的人生使命、責任、任務，知道如何去把人做好，把人生過好，讓自己發光發熱，照亮自己，也照亮別人，這才是「家家觀世音，戶戶阿彌陀」的真正意義。

阿彌陀佛和觀世音菩薩，乃至所有的神佛菩薩，無非在告訴我們一件事，那便是「與道合一」。

但這個「道」，又不完全等同於「道家的道」。也就是，您們所認知的各宗各派，只要是在傳遞真理，那麼，勢必要與這個「道－宇宙運行的法則」相合。因為，這個「道」就是宇宙的真理。

至於，前頭為什麼說「道，其實也不用一直說」，因為對於這個真理，了解之後，就各自實踐，各自將其落實於心性，各自讓自己的靈性提升。「道，是去行出來的，不是說出來的，也不是學術或學理上鑽研出來的。」了解道理之後，各自去行，這就稱作「家家觀世音，戶戶阿彌陀」。不是老是希望信眾們來到寺宇廟院捐獻，或只希望他們按照我們自己的想法修行。

宇宙間，有宇宙間的規律，若要稱作一種「遊戲規則」，或許也可以。

協助地球人理解這宇宙間的運行規律，讓人們也依著這個規則去運作，而讓有緣來地球上投生的靈，都能夠在修行領域上，有所提升，有所成長。這才是最最實際的一件事。

所以，目前的重點在於什麼，就在於「知道，然

後，合道」，也就是——了解宇宙運行的規則，然後，讓自己能順著這個規則去提升，去進化，一層一層地通過宇宙的考驗，慢慢地也在修行領域能夠成為「永恆靈體」。

因此，人們說「阿彌陀」是「無量光、無量壽」的意思，那麼人們是否曾思索「為什麼阿彌陀佛能夠無量光、無量壽」？

最直截的說明，就是祂與道相合了，和宇宙運行的規律合一了。譬如下永恆新宇宙，是永恆運行，生生不息。既然，道是永恆運行，那麼您若能與這個宇宙規律全然地合一，當然您也就永恆運行，當然也就和阿彌陀佛一樣「無量光、無量壽」。而我若也與這個「道」全然合一，當然我也就永恆運行。因此，人人皆具佛性、神性、靈性，是從這個方面來說。

每個人都能成佛，都是光之靈魂的一員。但我們迷失了，在人世間的權力、欲望、情欲、食衣住行上迷失了，忘記了，忘記我們原也是光之靈魂，忘記了我們也有那覺悟的靈性，請把祂開發出來，激活自己的神性，也協助他人激活他們的神性、佛性。

所以，什麼是覺悟，到底要我們覺悟什麼？

「發現靈性、佛性，就是一種『覺悟／覺醒』。

發現自己此生的任務、使命，也是一種『覺悟／覺醒』

開發出靈性的力量，讓自己不負此生，也是一種『覺悟／覺醒。」

我們準備好了嗎？準備啟程，揚升，上路。

與道，合一。

（按：談到「一」，剛好有一段「與一相關」的「救世主開示」，列於此處，讓讀者們作為參照。原文，收錄於《一念之間，再回世界末日？》）

2022年9月12日（一）

救世主：就時局，事例，為大家說明：

以台灣人而言，我們正享受著前總統李登輝先生完成他的使命，為台灣人民帶來民主自由。即

推背圖預言：一二三四（數字密碼為一，宇宙密碼一，我們是一起的）無土有主（指蔣中正失去中國土地，但中華文化的使命由他帶來台灣）小小天罡，垂拱而治(以現代而言，就是自由民主)

若逢木子冷霜換，木子為李，完成任務的人姓李。而李前總統的願力：民之所欲，常在我心。把他推上政治家的高度。

在他走完人生的旅程之後，我查詢：原來他只差一點點功德量就到神仙階，所以我自掏腰包，圓滿他，並請他轉世台灣，再來顧台灣。

之後，看到達賴喇嘛視訊，在李登輝總統的告別式，說他即將轉世台灣。

我要說的重點是，您怎知，您這一世的努力，不是在為自己的未來世舖路？

當政客或是政治家？全在於自己的一念之間，自己的選擇。

當政客，擁有了權力，財富，人死又帶不走。

當政治家，獲得良好的聲譽（來自人民的愛戴），又圓滿了自己的修行領域，利益的是自己靈魂的資糧，這涵蓋了未來，包括轉世。

一有，一元復始萬象更新之意

解讀(39-2) 天無以清，將恐裂；地無以寧，將恐發；神無以靈，將恐歇；谷無以盈，將恐竭；萬物無以生，將恐滅；侯王無以貴高將恐蹶。

前一段，是說「得一（與道合一）」的狀態，而這一段，則是說「失一（逆道）」的情形。我們字面上順一下文就好。

若是不能與道合拍，背逆著宇宙運行規律而行，會導致什麼結果呢？

在天，不能清朗明徹，而恐怕會崩壞。（譬如臭氧層破洞？）
在地，不得安寧穩定，而可能發生大震。
在神，不得心安靈明，而恐會消弱衰歇。
在谷，不得充盈飽滿，而恐會枯竭。（谷：指湖、海

等）

在萬物，將無從得生，而恐會走向覆滅。

在侯王，將難再處於貴高之位，而會失勢跌落。

（蹶：ㄐㄩㄝˊ，跌倒）

因此，這一整段，重點在說「逆道者亡」的規律。

解讀(39-3) **故貴以賤為本，高以下為基。是以侯王自稱孤、寡、不穀。**

此非以賤為本耶？非乎？

現代話：所以「尊貴、崇高」是以「謙和、下心」為基底。所以古代領導人往往自稱「孤、寡、不穀」，這不正是以「謙下」為根本嗎？難道不是嗎？

孤、寡、不穀　這三者，都是關於「卑下」的自謙之詞。接著我們來看一下這三個意思。

■「孤、寡」指向「獨自一人」，有個成語叫作「孤家寡人」，以前古代君王會自稱「孤王、寡王」。但，「寡人」，還有另一個意思，意指「寡德之人」，用以表示「道德修養尚且不足的人」。

■「不穀」，這個詞，原本意思是「不結果實」，譬如

「稻子不結穀穗」。不論古今，農耕仍是人們賴以為生的重要一環，「稻不結穀穗，農作不結果實」，這都不是一件好事。因此，「不穀」也衍生指向「不好、不善」。

此外，「不穀」，對於植物（農作物）而言，既然指「不結果實、穀穗」；「不穀」一詞用於「人」，就被引伸作「沒有後代」。就這層意思而言，就與「孤、寡」的「獨自一人」意思相近。

總地來說，「孤、寡、不穀」是自謙之詞。

所以，老子借這個「孤、寡、不穀」的自謙之詞，說明：「謙下」的重要。如果一個人處於高位，就一副高高在上的模樣，這就是傲慢。這與「道」不相應，很容易就會從高位跌落了。何以故？「德不足」的緣故。

在社會上，乃至宗教裡，都有這種情形發生。有些時候，見到一些上位者指責部屬的模樣，簡直像是罵他們家的奴僕。其實，這都是有一種潛在的傲慢在裡面。（我自己脾氣也不大好，這點我也要懺悔。）

我們看古代有些君王，遇到天災或天有異象……等問題時，他不怨怪百姓，他「下詔罪己」檢討自己。

譬如漢文帝即位後次年，遇到兩次日食，他認為是自己德行有缺，於是下詔罪己。

唐憲宗在位年間，長江中游大旱連連。唐憲宗憂心百姓，下「罪己詔」，檢討自身過失，以求天降甘霖。這「罪己詔」發佈後一週，竟真下了三晝夜的雨。當時，白居易為此寫了〈賀雨〉一詩記錄這件事。

我們先不論「大旱→下雨」與「君王德行」的關聯性。但至少，在其中我們見識到「這類君王是『有肩膀的』」。他們遇到事情不是怨怪百姓、責怪部屬，而是「迴光反照」，檢討自己。

這個「迴光反照」的觀念，用在「修行」也是如此。如果號稱「在修行」，結果遇到事情，就開始「向外咎責」，問題全推給別人，彷彿「自己一點問題都沒有」，請問：這樣怎麼修行呢？！「自己一點問題都沒有」表示「自己是個完人（完美的人）」，這要怎麼談到「修行／修心」？

矛頭指向別人，真的很容易；但能返光自照的人，才是不簡單。不論是在哪個場域，「有肩膀、有guts，不會一味推諉的人」，是讓我佩服的。

解讀(39-4) **故致數車無車。不欲琭琭如玉，珞珞如石。**

■故致數車無車

憨山法師認為：「若夫輪輻衡軛，會之而為車。故數其車，則件件可數。其車則無可數矣。以無可數，故得車之用。是故侯王以無為之道，而後方大有為也。」

簡單來說，這是拿車子來譬喻君王治政。「數車無車」，「輪輻衡軛」這都是「組成一輛車的部件」。所以，如果要細數這些「組成部件」，是可以一件一件羅列出來，但如果把它們當成「共同的一輛車體」來看，就無須再去細數、羅列。在這樣的前提下，車子，就是「一輛能開的車」，這輛車就產生了「行走、馳乘的用途」。

那麼，「國政」與「君王、百官」的關係也是如此。

「君王／領導者」，要把自己視為「國政、施政的一環」，大局為重，君王與百官，只是位置不同。領導人的目的，不是把自己拱上高位，而是與百官合作，協助人民能順道而行、安居樂業。在這樣的立場裡，「君王／領導者」則類似「一輛車的一個組成部

件」，而不再是高高在上的存在。這樣，就能「下心謙和」。

其實，寺院裡，也是如此。很多人都很容易把「住持、方丈」看成是一個「特別的位置」。這種觀點不妥，不要這樣子。各個職事只是功能不同、權限不同，不要再去分「這是大職事、小職事」。也不需要再去分什麼「大護法」。捐錢多的，就叫他「大護法」？發心蹲在那揀菜、挑菜、整理環境的，就不叫他大護法。何必如此？

而，不論是以「君王、百官」作為例子，亦或是以「方丈、眾職事」作為例子。這裡的重點都在「互相尊重、平等合作」。

■琭琭如玉，珞珞如石

「琭琭」，音「錄」，指玉有光澤的樣子，又比喻「稀少珍貴」。「珞珞」，音「落」，形容石頭堅硬的樣子，又比喻「因為量多而不珍貴」。

→「**不欲琭琭如玉，珞珞如石**」 就是提醒領導者：不要把自己看得高高在上，好似很珍貴稀奇的樣子，而是要把自己看成「全體組成部件的一環」。

第39章，從「得一」談到「不欲琭琭如玉，珞珞如石」。整體是在說明「與道合一」與「大局為重」的概念。

延伸思考

表面上是對「君主、侯王、領導人」而說，實際上，也可以做為我們每一個人，對「把人做好」這個目標的啟發。以下列出幾個問題，有興趣的朋友也可以探討一下。希望對於各位在「尋找人生方向」上有所助益。

Q 不論我們在世間，處於哪一個位置，或在修行領域上，處於哪一個位階，我們是否「理解宇宙運行的規律」？

Q 是否有自己真正想過的生活？

Q 在這樣的生活中，是不是能「達成自我實踐」，且能「圓滿我們轉生於此的各自任務」？

Q 「大局為重／圓滿大我」是什麼涵義？會不會被有心人誤用？要如何避免被誤用？

Q 「達成自我實現」等於「我執」嗎？「達成自我實

現」一定屬於「小我」嗎？能不能與「大局為重／圓滿大我」是同一件事？

40. 反者道之動；弱者道之用。天下萬物生於有，有生於無。

▲ 憨山解 此承上章以明道為天地萬物之本也。

解讀(40-1) 反者道之動

「反者」，憨山法師把它解作「道體」。

然而，我們探查「反」這個字，它有「覆」的意思。其實，「反者道之用」，比較像前頭第廿二章所說的「曲則全，枉則直，窪則盈，敝則新。」又或者第卅六章的「將欲翕之，必固張之。將欲弱之，必固強之……」

「動」，是「運作、運行」。道之動，也就是說明道的運行，用現今的時勢來說，即是「下永恆新宇宙的宇宙運行規律，正運作著」。

「反」，我們不妨把它解作「復其本來，探求本來」。

「反者道之動」　整句話用今日的言語來形容，是什麼意思呢？就是說：在這三大天（一、二、三宇宙）當中，當我們回過頭（反者）來看，探求萬事萬物的本質，到最後都會發現，是在這個「道的運行」當中。換句話說，也還是之前提及的「道是宇宙運行的規律，萬事萬物都在道當中。」

而「反者」，除了「回過頭來探尋事物的本質」這個詮釋之外，用在於人，就是「內觀」。

「內觀」用比較淺顯的方式來理解，就是「向內觀察」。觀什麼呢？觀心——觀察自己的起心動念，是起了什麼念頭，是自私呢？還是為公呢？……

所以，是用「內觀」這個詞也好，「止觀」這個詞也罷，基本概念就是「回過頭來檢視自己的心念」。檢視：自己是否傲慢了？是否起瞋心了？是否又讓靈性又迷在物質界了（貪著於五欲六塵了）。又或者，是不是「耽著於『自己』布施了、持戒了、精進了……」其實，講來講去，道理就是這麼簡明，「觀心」。

釋迦牟尼佛何以能觀眾生心，因為祂把己心觀透了，眾生心再怎麼變，也是如此，己心真能觀透，也就

知眾生心了。真修實行，人家祂老人家做到了，到了那個層次／境況／境界／level，自然祂的視野是和我們不同的。

解讀(40-2) 弱者道之用

「弱者」，在這裡，是形容狀態——柔順於道的狀態。

「道」是宇宙運行的規律。「道之用」，則指「宇宙運行規律的作用」。

「弱者道之用」就是說「宇宙萬物、森羅萬象，順承著道的運作規律而生，這就是『道』的作用。」

解讀(40-3) 天下萬物生於有，有生於無

「天下萬物生於有」

「有」，或可指向「有形象的」，譬如：小娃兒，由父母而生。蛋生於雞，雞又生蛋，這都是「有形象的」。「四生——胎、卵、溼、化」都可視之「生於有」。

「有生於無」

但「有」從何而生？老子說是「生於無」。這就

很抽象了，「無」是個「什麼東西」？還是個「什麼狀態」？「無」就是「道」，「道——宇宙運行的規律」，這當然是很抽象的，因為它無名、無形、無象、無聲。

因此，本章，上述看不懂沒關係。

第40章的重點，就在憨山法師說的「明『道』為天地萬物之本」。

41. **上士聞道，勤而行之；**
中士聞道，若存若亡；
下士聞道，大笑之，不笑不足以為道。
故建言有之：明道若昧；進道若退；夷道若纇；
上德若谷；太白若辱；
廣德若不足；建德若偷；質真若渝；
大方無隅；大器晚成；大音希聲；
大象無形；道隱無名。
夫唯道，善貸且成。

解讀(41-1) 上士聞道，勤而行之；中士聞道，若存若亡；下士聞道，大笑之，不笑不足以為道。

這一則，就是在說各類人對於「道」的態度不同。上士、中士、下士，也是一種「方便的、極其大略的區分方式」。要用佛門的名詞「上根（利根）、中等人、下根」來說明，也是可以。

不過，比較有趣的是，大部分的世間人，好像比較喜歡順著字句的順序解讀，好像不太習慣去換個角度思考。什麼意思呢？

「上士聞道，勤而行之；中士聞道，若存若亡；下士聞道，大笑之，不笑不足以為道」這裡，人們習慣把重點放在「區分＋貼標籤」的動作。譬如對於「上士聞道，勤而行之」這句，會認為「上等根器的人，聽聞了道，就會努力地去實踐它」，當然，這樣解，也不能說它錯。

但是，若我們把重點擺在「勤而行之」那就不一樣了，將會變成怎麼樣呢？

同樣一句的解讀將會變成「聞道，勤而行之，上士。」這是在說：同樣都是「聞道」，但我們對於「聞道」的態度不同，就將決定我們的後續發展，乃至結果。

我們來看看兩者之間的不同，「把重點擺在上士、中士、下士」，是把人做一個等級上的區分，把人先分做上、中、下，意思就是「只有上士聞道，才會勤而行之」，那麼，「中士，就一直會是中士；下士，就一直是下士」，這個意思就好像，只有「聖人才會成就，而凡夫就經常是凡夫」。我們可以觀察到社會上經常有這種觀點，宗教裡也是一樣。這種觀點，會造成對自己的「一種無形的侷限」。雖說，我們要學習不高慢，但也毋須妄自菲薄。

而且，我們得認識到一點：「縱是神權轉世、佛菩薩再來，祂們為何而來？」說到底，不正是希望「我們這些所謂的凡夫」也能在修行領域上有所成就，希望我們突破原有的眼界框架與侷限，幫助我們達到更高的層次。

所以，釋迦牟尼佛告訴我們「人人皆有佛性」。我們可以在《梵網經菩薩戒本》中看到「常作如是信，戒品已具足」。

這也就是，每一個人，都是光之靈魂，原本都是發光發熱的，但，因為迷失了、沒通過上天的考驗、選擇錯誤了，所以「掉落下來了」。

到後來，發現很有趣的現象，就是很多——人世間這些所謂宗教的先驅者，其實都試圖以人世間（地球

人）的語言，在傳遞同一真相給世人，只是用的詞彙不同而已。如果我們突破文字、語言、用詞的隔障，我們會發現：　救世主王慈愛的開示，確是如此，祂說「真理，誰來說都是一樣。」

「每一個人，都是光之靈魂，原本都是發光發熱的」，我們用佛家的語彙「每個人，都本具圓坨坨，光灼灼的佛性」。很有趣吧，是形容同樣的事情。

因此，「上士聞道，勤而行之；中士聞道，若存若亡；下士聞道，大笑之，不笑不足以為道。」我們不妨把這段話看作：「聞道，勤而行之，上士；若存若亡，中士；大笑之，下士。」

用白話來說，即是：

●「聞道，勤而行之，上士」

了解宇宙運行規律——道，而依照這個規律運作、實踐，是相應於道的人。

●「若存若亡，中士」

認知到「道」，但半信半疑的，這是未完全相應於道的人。

●「大笑之，下士。」

聽聞到「道」，而輕視這個道，是與道未能相應的人。

Q & A

Q. 那麼，可能就會有人想：「既然，對於宇宙的規律，我們強給它設立（安立）一個名稱，叫作『道』。那麼，我們都活在『道』當中，為什麼又說能相應，或不能相應呢？」

A. 是這樣子的，拿現今（2022年）的局勢來說明，地球從三維到五維，我們地球人目前是有機會進入「黃金千年」，但是也很可能又「重返世界末日」。關於此內容，可以閱讀　救世主王慈愛親著的《一念之間，再回世界末日？》一書。

若從道理上來說，不論是「進入黃金千年」，抑或「重返世界末日」，都是「在宇宙運行的規律當中」。這在上一本書《好運的泉源——把人做好：老子道德經講義（道篇）》裡，也提及相關概念。道——宇宙運行的規律，成、住、壞、空都在這個規律當中，它是運行於森羅萬象當中，而且有「前觀無始，後觀無終」的意

涵在裡頭。「前觀無始，後觀無終」其實就是指「永恆運行，生生不息」。

雖然，在道理（理）上是這麼說，但事相（事）上，「進入黃金千年」，抑或「重返世界末日」，這兩者對我們目前的地球人影響太大太大了，對地球母親蓋婭而言，對祂影響不大，祂可以等，哪怕幾億年，幾十億年，祂都可以等。畢竟，在這個地球上，地表人類已經經歷四次人類文明的孕育到覆亡，2013年元月3日，是地球第五文明開始。（關於這些內容，可以參考書末的相關書目推薦。）

「然而，現今的問題在哪裡？」

「地球的危機，還沒全然解除。」

「未全然解除的原因在哪裡？」

「在於地球人還在因為權力欲望而造作大量的業，還有在使用法術的……」

因此，地球人是否又重回世界末日，對地球母親蓋婭本身，其實沒差，但我相信祂也是很希望地球人能直接進入第五文明，不用再滅亡一次，然後再孕育一次。而且，我們都很希望能守住「　救世主王慈愛及新宇宙神權為我們打拚來的黃金千年」。

就我個人而言，我想過幸福的生活，我也希望您們能過上幸福的生活。其實，這是冒著被世人批判的風尖浪裡，與各位地球朋友們分享這些事情。用意就在於，希望我們地球人，都能真正渡過危機，不用再重返世界末日。我曾經有一位很要好的麻吉，可能他隱約知道我在分享這些內容，但他沒能深入了解，反而認為我外道思想很重，當時一度與我斷交。分享這些內容，是很孤獨的一條路，目前的地球人不一定都能理解的。

救世主曾說：「麻霖希望人認同。」是，我希望人認同，也希望您們能理解。在這條路上真的很孤獨，但，我不後悔。我還是希望地球朋友們，真的能度過危機，真的能共享黃金千年。我想要幸福，我也希望您們幸福。我也希望　救世主王慈愛的心願能圓滿。

> ★　**「我只希望地球人，能不再返回世界末日，其他別無所求。」**
>
> **救世主王慈愛如是說。**

而「地球人是否又重回世界末日，對地球母親蓋婭本身，其實沒差。」這也隱隱中顯示，蓋婭母親是守著道而運行。順道者昌（與道相應）；逆道者亡（背道而馳）。蓋婭母親守道而行，對祂沒差，反正地球表面

也經歷過三次文明滅亡（第一到第二，第二到第三，第三到第四，3次文明滅亡，而祂早已經歷過這些時期。至於，第四文明到第五文明，也就是我們所處的這個時期，還在變局中。

這個「變局」指的就是，地球人還在「世界末日」與「黃金千年」之間擺盪。至於，所謂的「相應」與「不相應」，其實就是「順道」與「逆道／背道」。人世間有個詞叫作「背道而馳」，就是說，未能按照宇宙的規律運作。救世主曾開示「順天者昌，逆天者亡」。

而，地球人在這變局當中有選擇權，選擇什麼呢？選擇順道，進入地球第五文明，共享黃金千年；抑或逆道，重返世界末日。

⊙ 何謂「順道」？

「救世主的使命是帶領神權渡劫，渡過末劫。
地球人，只要善心善念，不要再走回世界末日，
不就過了？」

——救世主王慈愛

「善心善念，把人做好，共同有『希望地球順利渡劫』的心。」這就「順道——順應宇宙運行規律」。

地球朋友們，究竟要如何，大家才能明白我們地球人現今的處境呢？

現下對地球人而言，真是一個很關鍵、很關鍵、很關鍵的時期呢！

宇宙間，2018年，神權已經渡劫，宇宙中有三分之一的星球爆炸。地球現在的問題，是在人心，以及隨著人心向惡而生的業力。

救世主開示：「地球神權如果拖不動地球人的業力，就會站在觀望。」

這句話什麼意思呢？意思就是「您們地球人，如果不自愛，不想要好轉，那就只好由得您們自生自滅了。」

那麼，我們得知了這些信息，是要當「勤而行之，順利渡劫，與道相應的上士」；還是「半信半疑，與道

未能完全相應的中士」；還是「哈哈大笑，不明現況，繼續與道相悖的下士」那就是各自的選擇了。

但只能說，在這個極為關鍵的時刻，只有「做了對的選擇」，我們才有美好的未來。要不然，就是「撫撫e∨，重來」（台語。意思是：全然抹去，重新來過，類似「打掉重練」的概念。）

解讀(41-2)

故建言有之：明道若昧；進道若退；夷道若纇。上德若谷；大白若辱；廣德若不足；建德若偷。質真若渝；大方無隅；大器晚成；大音希聲；大象無形；道隱無名。

這在憨山法師的註解裡，他用了「聖人」與「小人／庸人」的區異來說明這段。但，我想，在這個特殊的時期，乃至於一般時期，用「聖人」與「小人／庸人」這兩組詞彙，很容易造成誤解和二元對立。不如，我們採用「合道之人」與「平常人／未合道者」來說明，會稍微好一些。

■「**建言有之**」　古德是這麼說的。

■「**明道若昧**」　真正明白道理的人，不會要去張揚什麼。如「大智若愚」。

■**「夷道若纇」** 夷，平。纇，音同「類」，其中一個意思是「瑕疵、缺點」。簡單來說，就是「這有些合道的人呀，你看他平平凡凡的，好像也沒什麼了不起，看似也有習氣缺點，可是他合道了，我們不知道。」為什麼呢？因為，一個人合道與否，我們看不出來。目前在地球上，一個人的靈魂層級到什麼層次，我們一般人也看不出來。

救世主曾開示：「外星球，有的是可以看得到靈魂層級的。」祂說：「希望地球以後也能看得到。」

「夷道若纇」，就類似這個意思。一個人，修為到什麼程度，我們一般人看不出來，所以更要互相尊重。救世主曾開示：「冒犯了修行好的人，業很重。」咱們就各自謹慎唄。

■**「進道若退」** 這是相較於時勢而言的，譬如老子對於「智」認為是「一種機巧」。「進道」，指的還是與宇宙規律相應。當我們處於「未能與道相應」的狀態，在這種情況下，當然，與道相應，就成為了一種「進道」。

但是為什麼說「若退」呢？是「退什麼」？用佛家的語言來形容，就是「改習氣」。 救世主曾教導「佛菩薩沒有的習氣，都不要有。」這就是告訴我們「進道

若退」。要如何才能成賢成聖，成菩薩，乃至於成佛呢？祂們沒有的習氣，就逐一去改掉。提升心靈／心境，然後累積自身功德量，習氣洗除，圓滿各階的功德量，通過宇宙的考核，層級就自然提升。

所以，做到，並且通過考核，是重點。所以，反省，對修行人而言，相當重要。廣欽老和尚曾說：「戒律，是戒自己」，也類似這個意思。戒律，是戒自己呀，不是戒別人。什麼是拿戒來戒別人？就是拿著一把尺，老是在丈量別人，這裡不如法，那裡不如法。然而，自己的煩惱習氣有沒有因為持戒而減少一些？脾氣有沒有因為持戒而柔善一些？有沒有更能站在別人的處境著想？……

這裡只是剛好拿了一個佛門持戒來做個說明，重點是「反省」。只要您是一位想修行、想提升靈性的人，勢必要學到「反省」。

★ 救世主曾開示：「懂得反省的歸上天管，反之，歸輪迴地府管。」

我個人，很期待地球上，佛門中，對於戒律的概念，能夠提升到「佛性戒」的層級。我個人很喜歡七佛略教戒，七佛略教戒就是最簡潔的佛戒。當然，我無意，也不敢去否定釋迦世尊制定戒律的因緣，因為那有時代／時勢的因緣。只是，我讀到七佛略教戒的時候，發現「呀，原來修行理路也可以這麼簡明。」

講到最終，就是「諸惡莫作，眾善奉行，自淨其意」，就是在講——身（行為）、口（言語）、意（心念），這就是「佛性戒」，這也是上一本書《好運的泉源——把人做好》中，所提及的「把人做好」。

「把人做好」，概念很簡單，但實際操作起來，也未必那麼容易呀。把人做好，就是在講「因果道理」，就是在講「宇宙運行的規律」，就是在「講身（行為）、口（言語）、意（心念）」。而，這才是實際的修行／修心。

■「上德若谷」講的是「器量／心量」。可參考先前的文章〈心量就是你的福量〉[2]。

■「大白若辱」

這有兩個解法

2 〈心量就是你的福量〉收錄於——星空穩：《下永恆運行 改朝換代的人生：新地球人文主義》，The Movement of the Lower Enternal Stratum: Life Massively Changes——A New Earth Humanism，台中：白象文化，2018 年8月初版一刷。頁132-149。

A. 我們先看一下憨山法師的解說，他認為「聖人純素貞白，一塵不染，而能納汙含垢，示同庸人，故大白若辱。」

這就有「和光同塵」的意味，也就是說這些「與道相合者」，他們轉世來地球時，也往往混跡於世，也就是有點「大隱，隱於世」的味道。現代人有句形容，叫作「高手在民間」，像武俠小說中的「掃地僧」。不曉得的人想說，一個在山門口的掃地僧能有多大能耐，可能就會有看輕他的念頭。可是，沒人知道他卻是全寺院功夫最好的。當然，這是武俠小說的情節，在這裡拿來做舉例。

這則的重點就在「低調、謙虛」。有功夫而能不顯露，這才是高手。

救世主就曾誇讚過第三宇宙的執行長（第三宇宙，地球隸屬於此）。祂說這位執行長執行力超強，而且一路謙虛執行，至今沒有讓救世主覺得有一絲傲慢的心。（而我個人有時卻冒出對這位執行長不禮貌的念頭，在此向執行長懺悔。其實，這就是習氣，因為自己過去有傲慢的習氣，所以一遇到境，就很容易升起這慢習。但這同時也是考試，上天考我們是不是能降伏這慢心。）

有些佛門的修行人，在修所謂的「止觀」。其實，

「止觀」應該稱作「觀止」，意即「觀察己心，止息妄念、歇息狂心⋯⋯」。

關於修行語彙，沒有那麼複雜，不要把它搞複雜。大道至簡，簡單能明瞭是原則，能實際操作才重要。

★ 救世主王慈愛曾開示：「把念頭拉回來，曾想過多少次，就會起多少次。」

而我們世俗人之所以苦，苦在哪裡？其中一項，就是苦在「我們對一件事想過之後，之後這念頭又會浮現。然而，浮現時，可以是一個清洗這個壞念頭的好時機，怎麼說呢？就像一個髒東西沈在水底，現下它浮上水面了，我們有機會把它撈出。但不會撈的話，就又丟了一個東西在它之上，結果它不但沈下去了，反而又增加了髒東西。

也就是說，我們壞念頭來的時候，觀察不到念頭來了。既然，觀察不到念頭，當然，就很容易順著這個念頭往下發展。譬如：

(a) 一個人受到不公平的對待時。

(b) 升起報仇的心理（念頭）。

(c) 然而沒有去察覺到這個心理狀態。就沿著這個念頭，開始去計劃如何報仇（沿續的念頭）。

(d) 然後就開始去做報仇的行動（再次延續念頭）。

如此下去的後果是什麼？就是他花了極大的心力在執行報仇這件事，結果他的大半生命都花在報仇。

《天龍八部》小說裡，有一個部分就在說這件事。蕭遠山大半生要找慕容博報殺妻之仇，慕容博則想復興大燕，兩人大半輩子就搞這復仇的事。後來一次，兩人相遇，欲取對方性命。適時，一掃地僧出現，出於慈悲，一來想醫治二人內傷，二來想化解兩人冤結。他出手先使慕容博「斷氣（龜息）」，蕭遠山眼見畢生仇人已死，悵然不已，一時竟不知餘生將往何去。接著，掃地僧竟又出手讓蕭遠山「斷氣（龜息）」。隨之，掃地僧用自身功夫，並借著蕭遠山、慕容博兩人修鍊功法不同，讓他們互相醫治。

在掃地僧救治之下，兩人由生轉死，又由死到生，領悟道理，一個放下了仇恨，一位明白追逐名利終是一場空。最終兩人內傷得治，冤結得解。

談到這裡，在此想向地球人傳遞一則重要訊息：

★ 「新宇宙神權救世主王慈愛」2022年7月25日開示〈向地球人說明大局〉，總共有十四點重要訊息。

其中第七項為：

七、神權，希望，地球各國的主權爭議，以2013年，地球進入第五文明為依據，別再吵了，恩怨留給歷史，都過去了。

您們回想剛剛的例子，蕭遠山花了大半輩子要復仇，最後見到仇家死了，隨之而來的是「再來呢？我要做什麼？」赫然發覺：「自己大半生的歲月竟都只為復仇」？！他茫然了，悵惘了。

佛家說：「得人身，猶如盲龜遇枯木。」這是多麼難得。一個人好不容易才來轉生為人，一輩子都在想著怎麼復仇，這樣渡過，是否值得？

一個「個人」的生命，如此虛霍，尚且不值，何況是地球各國呢？對呀，如　救世主王慈愛開示的去做吧，如神權的期許吧：「別再吵了，恩怨留給歷史，都過去了。」讓我們地球人的史頁翻篇吧，大家一起進入地球第五文明，這樣不是很好嗎！

恩恩怨怨何不休？為此輪迴又白頭。
驀然回首爭何事？空過一生枉春秋。
淚飄飄，國仇家恨應何消？
轉生易形又聚首，業難逃。
放下前塵不計較，隨風飄。
罷了，罷了

——雲深法明2022冬

再回說，什麼叫作「會清理念頭」呢？它再次浮現時，察覺它的出現（觀），不要讓它「如四十里瀑般奔流」，也就是止斷（止）它。所以，止觀／觀止，最基本的概念，就是在說這回事——觀心，止妄。

那麼，止斷妄念的方式為何？

正如　救世主開示：把念頭拉回來，不要想，去做事，做利他的事。打掃清掉思緒最快。

B. 好，「大白若辱」　一開始說有兩個解讀，現在說第二個解讀。「大白」即「無所遮／清晰／明朗／真切」，如「真相大白」。

早晨，日光升起，一切明朗，我們這肉眼就能見到世間的景象。那為什麼說「大白若辱」呢？譬如傳遞真相，有時是很容易被批評、攻訐的。這得練習「無所畏」才有辦法，而「無所畏的核心」是「無私→無我」。

「大白若辱」呼應本章（第41章）所說的「下士聞道，大笑之，不笑不足以為道」。

老聃明明白白地跟人們解說「何謂大道，何謂宇宙真理，如何落實」。但是聽聞的人所懷的心態、因緣不同，有的人相信並且去落實；有的人半信半疑；有的人加以嘲笑，各不相同。「大白若辱」。

天象大白之前，是黑夜；世理大明之前，是渾沌。耶蘇基督傳遞真理，卻被釘上十字架；禪宗六祖惠能法師開悟見性之後，最先還得逃命、隱藏。「大白若辱」

■「廣德若不足」

這談的是「不張揚」。這裡的「不足」，「不是指」不知足，而是「知道自己還有很多需要調整」。

宇宙浩瀚，學無止盡，的確，想明白這道理之後，小功小業，有什麼值得張揚？人家救世主拯救了神權，重新創立新宇宙，祂都還禮賢下士。我們做的事，實在微不足道，不值一提。所以，一位真正有德之人，是常常自省的。

■「建德若偷」

「若偷」，不是要我們去偷盜。「偷」，在這裡，是譬喻「不令人知」。意思就是說，不要做了一點事，稍微付出一下，就老是擔心別人不知道自己付出一樣。付出，就付出，別人知道或不知道，我們都學著別在意，別人知道也好，不知道也好，還是平常心。

■「質真若渝」

「質」，有「事物的根本、特性」或「樸實的本性」等字義。「渝」，變更、改變。

這句，我們不妨依　救世主的開示作解析。「真理，不論誰來說都一樣，只有人事物的不同」。

「質真」，可以指向「『合乎真理』這個原則不變」。「若渝」，則指向「形式上，可以有彈性，應時制宜」。所以，佛菩薩為什麼活活潑潑，有那麼多的善巧方便？其中一個原因，就是「質真」，祂們把原則把握住之後，在形式上（相上），就能審時度勢，而比我們有更多的彈性，而更能以大局為重。這點，在修行上，也很重要。很多人不夠善巧，其實都是在這個環節上出了問題。

前陣子我認識一位法師，七十多歲，其實初見面時，我並不知道他的年紀。那時，我們前去拜訪他，他對我們說了一些理念和經歷。其中一則，是他被丟雞蛋的故事。法師被丟雞蛋，什麼緣故？

原來，這位法師有一個理念，他認為「那些會乖乖念佛、禮佛的孩子，不需要我來渡。但那些被認為是問題少年的孩子需要我來協助。」於是，他就特別關切這些所謂的問題少年。但是，他又說「有問題的不是這些少年，而是因為有問題老師和問題家長。」其實，他要表達的是「既然身為老師和家長，為什麼沒把孩子引導走上正途呢？」於是，他想帶領這些孩子走向正途。

但是，畢竟社會的標籤也是很厲害的，這些孩子，在他的眼裏是孩子，但在社會上，卻是問題少年。於是這位法師也被鄰居貼上標籤，譏諷他「問題法師和問題少年混在一起。」

然而，聽他在敘述接引這些少年的過程，會讓人感動。他說：當他把站在門外，渾身髒兮兮的少年，一把手，將他們接引進來時，孩子的眼眶微微泛紅。「這些孩子，要的就是這麼一點點的關心，為什麼家長和老師不願意給他？」法師感慨道。

他的原則和出發點是什麼？很簡單，就是把這些被

社會邊緣的孩子引回正途。原則上，他掌握住了，這就是「質真」。

什麼是「若渝」？善巧。如果是用那種把這些孩子喊來，然後再訓斥一頓的話，恐怕本來是要把孩子引回正路，結果適得其反，愈罵，他們的心就愈遠，愈排斥。為什麼？因為，就像這位法師說的，這些孩子要的不多，就是父母師長的一點點關心。沒有善巧，很容易就一板一眼，就造成反效果。

所以說，佛菩薩為什麼能善巧方便？質真，若渝。祂們在形式上不會非得如何不可，但這也不是胡亂做，而是有前提。前提，就是「質真」，把握好原則。

看過實例，我們回過頭來看　救世主開示的「真理，不論誰來說都一樣，只有人事物的不同」。

「真理，不論誰來說都一樣」這就是「質真」。而「人事物的不同」，這就是「若渝」。

能以無心，而應眾生心。

■**「大方無隅」**　譬如宇宙那麼大，我們哪能得知宇宙的邊際。

■**「大器晚成」** 這在現今，是一句成語，比喻卓越的人才，往往成就較晚。大器，有人說是貴重的器物，也有人說是形體大的材料。

不論是哪一個解釋，其實，整句話重點有幾個，一是「沉潛／不邀功」，二是「不斷地鍾鍊」，三是「耐心」。就像《好運的泉源——把人做好》裡談到的，「文殊、普賢菩薩有一世，窩在廚房，為的就是磨自己的本性」。他們窩在廚房，磨本性，這個目標對他們而言，相當明確。祂們成就時，當時周遭的人知不知道？如果他們不說，旁人很可能毫不知情，就以為他們是普通燒飯菜的。

但，修行領域上的成就是這樣的，是要上天／宇宙／神權認證，才算數的。自己封的，都不算。縱然世人都以為某個人很好，那頂多就是這人在世間有個好名聲，但若未經「新宇宙神權」認証、認可，那也都不算數。什麼叫「不算數」，就是「在神權當中尚未有一席之地」。

所以，就我們而言，也不要去想什麼大器晚成不晚成，就是學習「把人做好」，發掘自己才能，目前我們都在這個地球，就看看，在這個地球上，有什麼是我們可以利益到地球，或者利益到其他人、生命、生態的。

■**「大音希聲，大象無形，道隱無名」**一樣，還是在形容「道－宇宙運行的規律」的無聲、無形無象，以及無名。

■**「大音希聲」**類似於之前《好運的泉運》說過的，這就有點像孔子所說的「天何言哉，萬物生焉。」 運用於人世上，這是在講「執行力／實踐力／重諾」。有很多時候，做到，永遠比說重要。說，或者文字表達，乃至各種表達形式，目的在溝通。溝通之後，是為了執行或實踐。這裡「不是叫我們不要說」，而是在強調「執行力／實踐力。」

例子很多，譬如：

工作或學習，如果我們一直去列點說要做什麼做什麼，結果，一件也沒開始，這就是「一直活在規劃而沒有行動的情形當中」。

又譬如情感關係，大音希聲「也不是叫我們不溝通」，而是「能不能以實際行動讓彼此感受到愛，感受到互信，感受到安全感」，又或「能不能彼此實踐對於另一半的承諾」。

政治上也是。是一直開空頭支頭，當個政客；還是當一個「有良好理念，願意為百姓謀福利，勤勤懇懇地做事，希望人民也能順著道，順著宇宙規律而行」的政治家。

修行上也是。為什麼有些老修行人到後來可能不大說話，因為再說，都是一樣的原則，而重點在於實行。像編者有幸整理《老子道德經講義》，整理到後來，發現：其實老子就是在講「道——宇宙運行的規律」以及「我們地球人如何去順應這個規律」。因此，他用了許多譬喻在說明這個「道」，包括這裡的「**大音希聲，大象無形，道隱無名**」，乃至於一些用兵的譬喻都是如此，都意在告訴我們「如何順應宇宙之道，把人做好」。把這點觀念融會後，我們將會發現，文字的隔障、宗教派別的隔障，會逐漸消弭 。有些原本看不懂的詞彙，就比較能夠理解了。

像道教，有的在講「復古修圓」，講得很玄奧。其實，「復古」就是「順應宇宙運行之道」，「修圓」就是「把人做好，做圓滿」。

像佛家講「如如理／真如實相」，不正也是在講這「無名、無形、無象的宇宙之道，之理」嗎？「無名、無形、無象」，能否通於「真空」這個詞？而「宇宙規律的運行一切」，不也就是「妙有」嗎？

再回到根本問題，為什麼「聖人／已覺悟的人／已

合道的人」要跟我們講述這些道理？不就是希望我們也能「合於道」嗎？然後，我們就會發現：「合於道」、「契入真如實相」、「順應宇宙運行的規律」，乃至救世主王慈愛開示的「把人做好」，這些形容詞彙，都在講同一個道理呀。

「道理」哪有那樣難理解，是我們地球人自己喜歡用所謂的「邏輯、分析、列點、歸納……」等方式來學習，結果，原本很簡單的宇宙規律，有時反而被闡述、解釋得很晦澀。

「邏輯、分析、列點、歸納」這些，人們認為是「理性」。而，我們一般會覺得「有『感性』和『理性』之分」，然後，一般人又容易覺得「理性比較好，感性比較不好」。其實，這是我們二元思維下習慣的模式。但我慢慢感受到，有一種「能力」，或稱為「觀察視角」，其實是超乎「感性和理性」的，那便是「直觀」。直觀，是一種靈性的力量，是一種能看見事物本質的能力，如果能激活這種能力（激活神性），應該有助於我們更能「合於道／契入真如實相」。

因此，我認為地球朋友們，應該朝向靈性覺醒的道路前行。

如何激活神性？覺醒靈性？

源於愛，起於直觀。（出於慈悲，行於直心）

下永恆新宇宙的精神「真心、真愛、真性情、真修實鍊、真修實行」。

「**大象無形**」以及「**道隱無名**」這說的，其實與剛才的概念是相通的，就請各位自行領會了。

解讀(41-3) **夫唯道，善貸且成。**

道，既然是宇宙運行的規律，且運行於森羅萬象，自然是，資助於一切，而無所匱乏。

這句話，對我們的啟發是什麼？就是「反思自己是不是能與道相合，也順著這個規律去運行。」就像上一本講義，救世主定名為《好運的泉源——把人做好》，要如何才能好運？道理很簡單嘛，就是「把人做好」。把人做好，了解宇宙運行的規律，順著這個規律解鎖人生，幫自己的人生解套。譬如，人生不順遂，可能與冤親債主，或是跟累世業力有關係，一定要一直依賴參加法會嗎？難道不能練習自己解套？

救世主王慈愛有教我們方法：持咒回向，以善行的功德量回向。這些收錄在《一念之間，再回世界末日？》一書，有興趣者，請自行參閱。

那麼，為什麼會有「冤親債主」？多半就是與我們的心念、態度、言語、行為有關，因此，我們要學習「反省的能力」，並且學習「真誠道歉、改過向善的勇氣」。

所以，修行哪有那樣遠塵離囂？很多時候，都是在日常生活中去磨鍊我們觀點見解與處事態度，而這就是「最接地氣的修行」。**因此，不用去擔心宇宙不資助我們，要注意的是「自己是否順道而行」，這就是「夫唯道，善貸且成」這句話，真正的意義。**

42.道生一，一生二，二生三，三生萬物。
萬物負陰而抱陽，沖氣以為和。
人之所惡，唯孤、寡、不穀，而王公以為稱。
故物或損之而益，或益之而損。人之所教，我亦教之。
強梁者不得其死，吾將以為教父。

▲ 憨山解：此承前言道體沖虛，而為天地萬物之本，誡人當以道為懷，以謙自也。

解讀(42-1) **道生一，一生二，二生三，三生萬物。**
萬物負陰而抱陽，沖氣以為和。

這章，我們可以搭配第39章一起看。

■道生一，一生二，二生三，三生萬物

《道德經》第39章，前半段「昔之得一者：天得一以清；地得一以寧；神得一以靈；谷得一以盈；萬物得一以生；侯王得一以為天下貞。」

「一」：元，源，始。其實，「一」即是「道」，「道」即是「一」。什麼意思？本來也沒有「道」這個詞，本來也沒有「宇宙運行的規律」這個詞，是聖人／轉世神權／合道者，為了讓我們能夠理解，所以用這些詞說明。

什麼叫作「本來也沒有」，即類似「本來無一物」的意思，什麼意思呢？「宇宙運行的規律」本身，是自自然然地運行著，就算我們不去給它加上一個稱呼（安立一個名字），它也是運行著。不論我們是否察覺到它，它也都運行著。

只是說，這個規律，還是有可能改變。近年來的宇宙大事，根據　救世主王慈愛的開示，2018年，原本的上永恆舊宇宙，改朝換代，進入下永恆新宇宙。「法身、高法身制度」被廢除，這是很大的調整，現下很多佛教徒是很難去理解的。為什麼呢？原本我們以為「高

高在上的法身、不滅的法身」竟然是「一種制度」。這要怎麼理解？

我個人當時在得知之後，相信了這樣的改變，也經歷了一段消化的時期。不過，那時我問自己「為什麼『法身』，不能是一種制度？」就是說，從亙古以來，一直都是這種「法身、高法身制度」，我們已經習以為「常」，且那個層次與我們有很大的差距，我們對該制度不理解，同時也不覺得它有可改變。所以，很多時候，才鼓勵大家要保持彈性的心靈，不是要大家貿然接受，但也不用在不理解的情形下，一下子就否定。

那麼，本來也沒有「道」這個名稱，這是為了方便稱呼、方便世人理解。而「一」這個詞，也是如此。「道」是源頭，「一」也是源頭。那為什麼老子還要跟我們說「道生一，一生二，二生三，三生萬物」，而不直接跟我們說「道生二，二生三，三生萬物」呢？

大概是，「道」這個概念，相當地「無形、無色、無聲」，而「一」這個詞，相較之下，是「相對可見的」，譬如說「一顆樹、一顆種子」，我們的概念裡有這個東西，生活中的確可以看見一顆樹，也可以拿出一顆種子。然而，「道」呢？我們拿不出來「一個什麼」，然後說「這就是道，這就是宇宙運行的規律」。就是說，「道」的概念，它不是一個物質（但也並非不能是物質），它是運行在萬事萬物當中。

而這裡的「道生一，一生二，二生三，三生萬物」，就是比較側重於「孕育／演化」的意思。

■萬物負陰而抱陽，沖氣以為和

剛剛談到「道生萬物」。在這句當中

道，　即「因」。
生，　即「緣」。
萬物，即「果」。

這裡，就有點在解釋「道如何生萬物」。「負陰、抱陽」，曾聞「孤陰不生，孤陽不長」，這也是在說明「**萬物負陰而抱陽**」。「陰」與「陽」是宇宙間的一個現象，但它會不會也是「順應我們地球人，二元思維底的前提下，可以理解的一種說明」，這還有待商榷。像白天／黑夜；太陽／月亮；生／死；活動／休息；理性／感性……，陰／陽，應該也類似這樣的概念。

既然我們了解「道」這個詞是個「為了方便理解，而產生的形容詞」，是形容「宇宙運行的規律」。那麼，也應當理解「萬物負陰而抱陽」也可以是個「形容詞句」。譬如人，是藉由父親的精子與母親的卵子結

合，而「生」出來的；又譬如現代人流行的詞語說「每個人身上，都具有陰性能量和陽性能量」，這都可以做為「萬物負陰而抱陽」的說明。

■「**沖氣以為和**」陰陽之氣相交，而產生作用。

解讀(42-2) **人之所惡，唯孤、寡、不穀，而王公以為稱。**

這裡與前段，就產生一個轉折。奇怪，怎麼第41章的前段講「道生萬物，陰陽之氣沖和」，這裡好像突然轉到談「孤、寡、不穀」？前段與後段到底在講什麼？其實，就是在講「萬物既然因道而生，人在這其中，應該抱持著什麼心態、何種出發點來生活。」老聃就用了「王公以孤、寡、不穀作為自稱」的譬喻來說明。說明什麼呢？我們往下看。

「孤、寡、不穀」，憨山法師認為這幾個形容詞都是「自損之辭」。這三個詞，在第39章已出現過。您們可再翻回前邊閱讀。

「孤」，單獨。「寡」，少。「不穀」，物資不豐厚，或指「不善」。這些是一般人所不喜歡的，但古時的執政者，卻往往用這些詞來稱呼自己。

何以如此？因為，當一個執政者，必須先將人民百姓的福祉把在心上，而不是以個人的利益為優先。其實，這也不是什麼很深奧的道理。但是，自古至今，真正能做到的，卻也是不多。如果，世間執政者，真的都是順應天道而行，以「顧全人民」做為執政出發點，世間不會混亂至此。

我們此處提到「不穀」，剛好拿來說一說。編者有一塊印，上頭寫了一個詞，叫作「穀君心」。以往，我也不知道「穀君心」是什麼意思，現在看到這個「不穀」剛好可以對應上。什麼是「穀君心」？君王心裡應抱持「讓百姓都能安居樂業，都能吃飽飯」的善意，這是我所理解的「穀君心」。所以，為什麼「王公自稱不穀」？

除了「不善」這個解讀之外，我們也看看另一種解法。亦即，「自己吃得少沒關係，自己住的不ＯＫ也沒關係，我自身物質不豐厚也沒關係，但是百姓能吃得飽，能安居樂業、家庭和樂，人民百姓個個都能順著天道而行」，若是執政者能抱持著這種心念執政，人民哪有不感動的？

從這個角度來看，「**孤、寡、不穀**」就蘊含施政理

念在裡頭，這是一種「自損以益民」、「希望大家好」的理念。

關於這個，從　救世主王慈愛的理念與行跡來看，確是如此。祂就是抱持著「大家都好」、「讓大家都有一碗飯吃」的理念在行事。

而，在世間的執政者，卻往往不是如此。以古代為例，我們可以看見歷史的軌跡中，皇帝雖然自稱「**孤、寡、不穀**」，然而后宮卻是熱鬧的很，用的也是比人民百姓好的太多。這樣，嘴上自稱「**孤、寡、不穀**」，實際上哪有那個「損己以益民，後天下之樂而樂」意思。所以，這樣「淪為形式」的自稱，就沒多大意義。

解讀(42-3)　**故物或損之而益，或益之而損。人之所教，我亦教之。**

這裡，我們直接引用憨山法師的例子說明即可。他說

「堯舜有天下而不與[3]，至今稱之，澤流無窮，
此自損而人益之，故曰或損之而益。

3　可參照《論語》‧〈泰伯篇〉　子曰：「巍巍乎！舜禹之有天下也，而不與焉。」

若夫桀紂以天下奉一己，暴戾恣睢，但知有己，而不知有人。
故雖有天下，天下叛之，此自益者而損之。故曰或益之而損。」

憨山法師用了明君與暴君的例子來說明。堯舜，雖然看似擁有天下，但卻不以為自己所擁有，所以他們的芳名還流傳至今，這是由於「不以個人利益為出發點的緣故」。自己願意放下私欲私利，而要去成全天下人的福祉。如此一來，雖然自己看似折損自己，實際上，天地不會虧待這樣的人，世人也會感佩其德行，這就是「損之而益」。

「不與」，「與」，音ㄩˋ，參與求取，乃至「以為己有」。

那麼，暴君，就反過來了，是以己利為優先，看能不能讓自己的權力大一些、個人利益多一些。因此看似擁有天下，但人心向背，人民不會服氣的。這就是「或益之而損」。

事實上，以地球來說明，地球是輪值佛在管理，由輪值佛管理地球的神權，地球神權在管理地球。地球，尚且不屬於輪值佛，天下又怎麼會屬於任何一位執政者呢？所以，執政者是要藉著此世的身份，好好地積功累

德，增加離世時真正帶得去的資糧，還是只著眼帶不走的利益，那就需自己審慎思量了。

所以說，「明理」很重要，當我們能認知到「宇宙運行的規律」之後，才有助於我們做出正確的選擇。譬如剛剛的例子，當我們知道「喔，原來地球是由輪值佛在管理，原來天下不屬於任何一位執政者，原來執政者如果能順道而行，為公，為人民百姓，還能累積自身功德」。如此衡量一下，怎麼做，應該很明白。

關於這些道理可以參照《一念之間，再回世界末日？》，裡頭有　救世主王慈愛的相關開示。

「**人之所教，我亦教之。**」　這句話，以白話來說，就是——老聃說：上面這個道理，也不是我發明的，也是先前的成就者所教導、傳承下來，我也轉述給你們聽。

解讀(42-4)　**強梁者不得其死，吾將以為教父。**

■「**強梁者不得其死**」　強梁：強橫的人。其實，用在此處，即指向「與宇宙運行規律對著幹的人、悖道而行的人」。

「順道而行，順道者昌；逆道而行，逆道者

亡。」強梁，就是逆道而行。由於逆道而行，所以不能長久，因此說不得其死。不得其死，就是「亡」。

■「**吾將以為教父**」　這句話，有兩個解釋方式，我們都看一下。

A. 我將以這個強梁者（逆道而亡的現象）做為我行事的借鑑。

B. 我理應將「順道之人」當作我行事的參酌。

→其實，兩個意思相通，只是從不同角度說明而已。

⊙縱觀第42章，主旨還是在說明「道生萬物，人應順道而行」的概念。

43. 天下之至柔，馳騁天下之至堅。
無有入無間，吾是以知無為之有益。
不言之教，無為之益，天下希及之。

▲ 憨山解：此承上言無為之益，以明不言之教也。

解讀(43-1) **天下之至柔，馳騁天下之至堅**

天下之至柔，譬如風，風無形無象，是一種氣流，我們怎麼捉得到風呢？但是風（氣流）奔馳於世間。又譬如水，水相當地「柔軟」，但卻能「水滴穿石」。

解讀(43-2) **無有入無間，吾是以知無為之有益。**

■無有入無間

無有，指的是「不要執持於『有』」，以「無有」入無間。「無間」在此，指「沒有障礙」。因此，這句話給我們的啟發即「當我們不執著時，就能夠以彈性、善巧來行事。」關於這個，可參照第41章的「質真若渝」。

我們心靈如果能保持彈性，不要去執持於「有」或「沒有」，以「中道」行事，不去執著非怎麼樣不可，也就是「中道」。

■吾是以知無為之有益

「無為」，有時候會被誤解為「沒有做什麼」，實際上，若解釋作「不執著於什麼」或「沒有刻意要做什麼」，或許會更貼切一些。道——宇宙運行的規律。它的運行，是無為的，是自自然然的，是任運的。我們在當中，是順著它的規律去運作，用現代的詞，有點像是「合拍」。

「合拍」這個感覺很好，就像兩個人合拍時，彷彿一切盡在不言中，一個眼神就知對方心意，這是「合拍」。「合拍的感覺」就又好像一個人躺在水上，也不沈下去，悠然自在，無所煩惱地悠遊著。為什麼「無為之有益」？就是在於「與道合拍」。與道合拍，那就自然，就自在。順著這個宇宙的規律去運作，也不用去追什麼，也不用去爭什麼，隨順因緣地做好該做的事，這個狀態很美。**所以「無為」並不是什麼都不做，它的積極意義是「順著宇宙運行的規律去運作，但又不執著自己做了什麼」。**

《慈悲藥師寶懺》當中，有一段文：

「處世界，若虛空，似蓮華，不著水，
心清淨，超於彼，稽首禮，無上尊。」

如果，我們能以這種心境過活，應該能漸漸「與道合拍」了。

一般，我們的印象中，至柔是陰，至堅是陽，但，很多都只是定義。

我們在日常生活中，有些人可能會「披上盔甲」過活，正如我之前一位同參所說：「傲慢的人，通常內心裡都有一處自卑。」也就是說，一個人之所以披上傲慢、至堅的盔甲，有時是因為他的內心有著自卑而脆弱的一塊。可能會有人對此現象解釋作「陰中有陽，陽中有陰」吧。

那麼老聃在這章，想表達什麼給我們呢？重點即在「無為」，由於「無為」因此衍生出「不言之教」的概念。

解讀(43-3) **不言之教，無為之益，天下希及之。**

「不言之教」與「無為之益」都是在強調「順應宇宙之道」。順著這個宇宙運行規律，其實，很多時候不用多說什麼。像有句話叫作「頻率會說話」，我們一般人觀察不到頻率，但拿氣場來說好了，有的人，哪怕沒有特別說什麼，我們光是看到他，與之相處，很奇怪，心裡就覺得很安心、很踏實。有的人，我們不要說和他有什麼互動，單單是想到這個人，就覺得好恐怖。譬如說哈利波特裡的佛地魔（Voldemort），大家一想到他，就有異樣的感覺，甚至稱他為「名字不能說出來的人」（He Who Must Not Be Named）。當然，就靈性的成長來說，我們不要去當那個「名字不能說出來的人」。而「覺醒、覺悟、提升靈性」，是我們每個人都要努力的方向，就也是「順應天道」。宇宙有三大天，即一二三宇宙。

那為什麼說「**不言之教，無為之益，天下希及之**」？因為，就地球人而言，了解到宇宙運行規律的人還不多，這些規律雖然透過之前這些「已經覺悟的人」來傳遞給我們知曉，但在後人演化的過程，有時難免失真，而且在操作的過程中，也有漸漸淪為形式的情況產生。也因此，在這種情況下，能夠理解「不言之教，無為之益蘊藏的道理」的人並不算多。所以說「天下希及之」，很少人能達到。

所以，為什麼編者會認為「不要變成鑽研理論，要儘量讓修行簡明，大家都明白宇宙運行的規律、道理，各各有辦法在實際生活中去操作，這才是『接地氣的修行方式』，也才不致變成『入海算砂』或『說食數寶』的冏境。」

44. 名與身孰親？身與貨孰多？得與亡孰病？
是故甚愛必大費；多藏必厚亡。
知足不辱，知止不殆，可以長久。

▲ 憨山解：此言名利損生，誡人當知止足也。

解讀(44-1) **名與身孰親？身與貨孰多？得與亡孰病？**

這篇，以現代的語言來說，其實就是傳遞「如何從物質界、低維度超脫，乃至靈性揚升」的概念給我們。

因此，「名與身孰親？身與貨孰多？得與亡孰病？」意思是：

名與這個身，哪個比較重要？

身與財物貨利，何者算是多餘？

得到名利，與失去身命，哪個危害比較大？

解讀(44-2) **是故甚愛必大費；多藏必厚亡。**

「大費」，「費大」的倒裝句，即「耗損多」。

「厚亡」，「亡厚」的倒裝句，即「損失重」。

「甚愛」，這裡的「愛」，指的是「執著」。

「多藏」，這裡的「藏」，不妨解作「佔有」

所以，整句話的字面意思是：我們往往因為自己所執著的，而損耗許多心力；且由於自己所以想要佔有的，而反讓自己損失慘重。

其實，老聃的意思，也不是叫我們完全地摒棄名利，而是教導我們「不要去強取名利」。

什麼意思呢？譬如達賴喇嘛，他於1989年得到「諾貝爾和平獎」。相信，對於達賴喇嘛尊者而言，他並沒有「『要得到』或者『不得到』諾貝爾和平獎」的想法。但因緣成就了，他也就隨緣接受了這個獎。這和「有心要得諾貝爾和平獎」的念頭，完全是兩回事。而「諾貝爾和平獎」本身是一個「名」，且隨之而來的會是「利」。達賴喇嘛尊者並沒有摒棄它們（名與利），但是，用「沒有摒棄它們」，可能會遭到誤會。

更確切地說，尊者是「不執取名與利，而名與利來時，他也沒有去推卻，接受了，但是讓自己不為其所束縛」。「不執取」，聽起來好像是一個佛學術語，其實講的就是「不執著要獲取」或者「不執著『所得到』的」。

一般，我們世間人，沒看清楚實相時，會覺得「有所得——好像有得到什麼」，其實，「沒有」，沒有得到什麼，真相是無所得。您們以為王侯得到天下嗎？沒有，地球是由地球的輪值佛管理，王候沒有得天下。那麼，地球是輪值佛擁有的嗎？沒有，第一任的輪值佛任期圓滿時，將由第二任的輪值佛管理。根據　救世主王慈愛的開示，目前，第一任的輪值佛是 釋迦牟尼佛和 彌勒佛。第二任是 大日如來與 燃燈古佛，第三任，其中一尊是 阿彌陀佛……。縱然是地球的輪值佛，地球，也不真正屬於祂們，是輪值——輪班管理。對於輪

值佛，尚且如此，何況地球上各國的領導人。為什麼會以為是自己所擁有，因為沒看清真相，對真實情況不了解。

對不對，像現今，地球人類已經進入第五文明，地球地表人類都已經覆滅三次，這次進入第五文明，截至目前，險幸未覆亡。但是，話說回來，地球人是否能了解呢？各國的領導是否能幡然醒悟呢？地球人是不是願意「順道而行，向善努力，大家大團結，共同走過困局」呢？　因為，大部分人不了解地球現況，好像總以為地球不會怎麼樣，倘若等到「真的怎麼樣」的時候，很可能就沒有挽回餘地了。

這些道理，真的不是什麼很玄奧深密的大道理，一說，大家就能理解。但就像老聃所言：「上士聞道，勤而行之；中士聞道，若存若亡；下士聞道，大笑之，不笑不足以為道。」怎麼辦才好，如果處境是沒那麼急迫，那可能大家還有時間慢慢去體悟；但如果時局緊迫呢？還在「大笑之，不笑不足以為道」，一但覆亡，那可能是連笑都笑不出來了。大家不要認為不可能，龐貝古城，滅在一夕。此外，約在一萬兩千年前，地球大洪水，至今東西方不約而同地流傳著大洪水的「神話」，共工撞不周山，大洪水，女媧補天；諾亞方舟的故事，大洪水；亞特蘭提斯沉沒；佛典中，也有所謂「火燒初禪，水淹二禪，風颳三禪」[4]，這水淹二禪，會不會也是指大洪水？如果是的話，怎麼這麼剛好？這大洪水的事件，就這樣流存於各地的傳說中，真的只是巧合嗎？

很多事情，只是現代人沒有辦法去驗證，但不代表那些事情不存在。當前的地球人，就有點類似，落入一種「不知情」的狀態，「看似」有先進國家，「看似」有科學、醫學，「看似」邏輯理性……，但對於「地球的處境」彷彿卻是不明不白的，對於「靈性的世界」也是不清不楚的。

而《道德經》第44章，就是再次對我們闡釋真相——不要執著物質世界，不要執著名利……，對於這些，是一個場景，但雖然是場景，但我們要珍惜。依著中道而行，什麼是「中道」？譬如，這個名利，可不可以享有？可以，但能不能「要求自己不執著、不執取」？就像達賴喇嘛尊者獲頒諾貝爾和平獎的例子，對他而言，那並不是他去追求來的。尊者只是順著因緣接受，並且能不執著。又譬如，世間人能不能吃美食？可以。但能不能「訓練自己不沈迷、不耽著」？當然，若是會產生嚴重的執著，對於上述這些「誘惑」，就要適

4　「火燒初禪，水淹二禪，風颳三禪」這句話，這是後人歸納出來的結論。原出處為《佛說長阿含經》，卷第二十一〈第四分世記經三災品第九〉。在《佛說長阿含經》裏頭，記載得其實更為詳盡，對此想要了解的朋友，請自行參照原典。

度地保持距離。每個人的生命情境與狀態不同，不能一概而論。

什麼是「中道」？又譬如，這個身體，我們來這裡體驗、學習也好，執行任務也好，都需要這個身體。我們使用身體，善用它來學習，善用它來利益他人，但不被它迷惑，這也是一種中道。所以，道理沒有很複雜，不要把它愈講愈複雜，愈談愈淪為研究，那對靈性的提升、心靈層次的提升，沒有多大作用，只是滿足自己一種宗教式的浪漫想像（悠遊於文字境界的浪漫想像？）。

解讀(44-3)　知足不辱，知止不殆，可以長久。

辱，受挫。殆，覆亡。但是，現實生活中，知足真的不辱嗎？未必。譬如有些世間人，過的生活真的很簡單，很知足，但是卻可能被嘲笑、譏笑。為什麼被嘲笑？別人覺得這種人傻，不會享受人生。因此，「知足未必不辱」，世間人形形色色，不論做什麼事，都可能遭人側目，都可能有人批評。

既然如此，「知足不辱」這話怎麼說呢？

「知足不辱，不辱己也」

「不辱」，不一定是指「不遭人取笑」，而是指

「不辱於己」，也就是「對得起自己」。其中的含義為何？譬如說，我們每個人來轉世，都是來學習；或者是來清償債務；或者是來提升自己的靈性，恢復光明的佛性、自性、神性。但是，來到這個世間，迷了，迷於滾滾紅塵，迷於名利欲望，忘了自己投生於此的用意。「知足、知止」意思可以是相通的，意思就是「知道該停下腳步了，該去想想此生的意義了，該去覺醒「轉生來此世的真正用意」了，不要再迷於三維物質界了。」這是「知足、知止」。「不辱、不殆」，由於明白了自己來轉生的目的，因此不會辱沒自己。因為枉過一生，對於自己的「靈性、佛性、自性、神性」而言，等同於是「一種辱沒」。因此說「不殆」，靈命「活（甦醒）」過來了。

所以，一點兒也不玄祕，佛門也有類似的語彙，譬如「打得念頭死，許汝法身活」。活，「不殆」，從迷於物質界，不知道自己轉生用意的狀態中，覺醒過來了。

45. 大成若缺，其用不敝。大盈若沖，其用不窮。
大直若屈，大巧若拙，大辯若訥。
躁勝寒，靜勝熱。清靜為天下正。

▲憨山解：此言聖人法天制用，與道為一，故能勝物而物不能勝。

解讀(45-1) 大成若缺，其用不敝。
大盈若沖，其用不窮。
大直若屈，大巧若拙，大辯若訥。

此處用了幾則譬喻：「若缺、若沖、若屈、若拙、若訥」，此外，還有「躁勝寒，靜勝熱」。接著我們一一來看裡頭的含義，再看對我們在「把人做好」這事上的啟發。

(1)「**大成若缺，其用不敝**」

講「不張揚，不邀功」，示「謙」之德。如宇宙規律運行一切，但它不會說「我運行於一切」，而且，它又無形無象無聲，因此人們往往感覺不到它的存在，對我們一般人而言，就覺得它彷彿是「缺席」的，但是它從未缺席。因此，第21章形容「道」是「其中有信」，就是形容宇宙運行規律「是很守信，不缺席的」。「道化成萬物，而隱然若缺」，也因此「道」的作用，是「不敝的」。

「不敝」，「敝」可以說是「破、舊」，或者字義同「疲」，疲倦。這兩個意思都可說得通。也就是說「這宇宙運行規律」是「不會失時，不會退流行的（不會故舊）」，也可說「道在運行，是不會疲倦的」。

(2)「**大盈若沖，其用不窮**」　沖，虛。道充斥一切，但是又好像虛無飄渺，然而，它的作用卻是沒有窮盡的。

(3)「**大直若屈**」　若屈，「屈」在這裡宜解作「圓」。道，是相當直接颯爽的，不會拐彎抹角，然而它又相當地圓融、圓滿。

(4)「**大巧若拙**」　什麼是「大巧」，真正的大巧，是沒有人為的痕跡，看起來彷彿笨笨拙拙，憨憨的。實際上，卻是順應天道而行。像先前解說過的「金玉滿堂」，在道人眼裏是「莫之能守」，世人看道人，有的就覺得怎麼這麼不聰明，「金玉滿堂你也不要」。其實，人家道人是「若拙」，而我們是「真拙」。「若拙」，這是真正大巧的人，才能「若拙」。而我們一般是「看似很聰明，其實是真拙」，不一樣。

我們看，禪宗六祖惠能法師，不識字，到禪宗五

祖黃梅法師那求法。人家認為他是南蠻子。五祖問他：「汝是嶺南人，又是獦獠，若為堪作佛？」他回人家「人雖有南北，佛性本無南北，獦獠身與和尚不同，佛性何有差別。」不拙呀。[5]

(5)「**大辯若訥**」　事實勝於雄辯。有很多時候，不需要辯，譬如先前說的「頻率會說話」。看得懂的就知道，不明所以的，就在那裡論，那裡辯。當然，有時，適時的說明也是必要，「適時、適當的說明」的確能化解誤會。

但是，如果對方帶著一個「也不是想溝通，只是單純地想刁難的態度」，那也不一定要在那邊辯來論去，那沒有意思。這種情況不如就「**若訥**」吧。就像第41章提及的「下士聞道，大笑之」，下士之所以譏笑，是因為他不理解，如果向他說明，能讓他理解，那便說明吧；如果向他說明，反而更引發他的負面情緒，那便「若訥」吧。「訥」，遲鈍，話少而謹慎，或者不善於言辭。

此外，「**若訥**」還有另一個意思。訥，从「內」字邊，彷彿告訴我們：「與其，對外與人言論辯

5　獦獠，是中國古代對南方少數民族的稱呼。（獦，讀「ㄌㄧㄝˋ」，「獵」的異體字。又讀「ㄍㄜˊ」，是獸名。獠，有「夜獵」之意。）

駁、論戰筆鋒，還不如『向內，反思自身，與自己溝通好』」。之前，有一位廣欽老和尚，他老人家就說：「 要講別人之前，先和這個（指心）商量一下。」這些有德之人，他們的理念都是相通的。

所以，「大辯若訥」這個詞，如果真的要解讀的話，應該是「向內反思自身，與自己溝通好」會比較貼切。

解讀(45-2) **躁勝寒，靜勝熱。清靜為天下正。**

冷的時候，動一動，身體就暖了。燥熱的時候，把身心安定下來，就覺得沒那麼熱了。但是，不論是躁勝寒，或是靜勝熱，都要「儘量保持內在的清靜」。為什麼呢？「清靜」能令「天下正」。正，就是「安住其位」。

「**清靜**」，有些人會去討論究竟是寫作「清靜」呢？還是「清淨」呢？其實，如果能順應於道，那麼既能清靜，也能清淨了。內心不妄動，那就「清靜」了。由於不妄動，所以也不會往心裡擱入一些「不必要的影像」，這樣一來，也就「清淨」了。

「**天下正**」，此處的「天下」，要解作「外在世

界」也行，要說是「內在世界」也行。如果解作「正心正念」，那就最貼切了。

所以，有的人問說「如何才能正心正念？」方法就是此處說的「清靜為天下正」——認識、理解宇宙運行的規律，依照這個規律／法則而「落實心性」，讓心靈恢復「清靜、清淨」。其實，這就是「修行／修心」的要訣。把握到這點要訣，人人都能修行。修行，絕對不是宗教的專利。

關於這點，我們大家都誤會太久了，誤以為「修行是宗教的事」，其實不是這樣。譬如「拜佛」，拜佛很好，但拜佛不一定等於修行。去教會參加「禮拜」，也很好，但「禮拜」也不一定等於修行。

重點，不在於這個人是什麼宗教，重點是「能不能把握到上述的修心要訣，然後實際於日常生活中操作」。這也是，為什麼期許人們能對「家家觀世音，戶戶阿彌陀的真正意涵」加以理解的意義。

對我個人而言，「最理想的修行方式」，就是大家都能理解「修行／修心的要訣」，知道轉生的真正意義何在，然後能去練習。有問題時，再向明眼人、善知識請益，這樣就好。不是一定要去參加「已經淪為形式的儀式」，那不一定能對「心靈視角的開展，或心靈層次的提升」有助益。當然，這是我個人的看法，也不一定適用於每個人，就請各位自己參酌了。

46. 天下有道，卻走馬以糞。天下無道，戎馬生於郊。罪莫大於可欲，禍莫大於不知足。咎莫大於欲得。故知足之足，常足矣。

▲憨山解：此承上清淨無為之益，甚言欲有為之害，以誡人君當以知足自守也。

解讀(46-1) 天下有道，卻走馬以糞。天下無道，戎馬生於郊。

上一章，我們說到「天下正」的「天下」，要解作「外在世界」也行，要說是「內在世界」也行。

本章的「天下」是先從「外在世界」的景況作譬喻。簡單來說，這章的意思就是：大家順著道而行，就能和氣祥瑞，人民安居樂業。如果大家不能順著道而行，就容易引發天災人禍。

■**卻走馬以糞**　因為沒有戰事，因此，所居之處能有馬匹行走，也能以馬糞澆灌田疇，使得土地肥沃，收成良好。比喻人民得以安居樂業。

■**戎馬生於郊**　若是戰事紛起時，戰馬往往也只能在郊野生小馬。比喻戰爭紛起。

解讀(46-2)　**罪莫大於可欲，禍莫大於不知足。咎莫大於欲得。**

罪業的形成，沒有大於「有所欲求」（欲望）

災禍的起源，沒有大於「不知足」的。（貪）

而責罰過咎的發生，沒有大於「想得到什麼」（有所得）。

解讀(46-3)　**故知足之足，常足矣。**

因此，「知足」的這種「覺得足夠／滿足的心態」，常常就能造就心靈的豐足。

⊙**第46章重點：順道而行、知足常安**

延伸思考：「知足／安逸／靜止」 V.S.「向上揚升」

Q.「知足」是就著什麼方面來說？

Q.「知足」等於「止步不前」的靜止狀態嗎？

Q.內在的知足與感恩，與「靈性的向上揚升」有無關聯？

47.不出戶知天下；不闚牖見天道。其出彌遠，其知彌少。

是以聖人不行而知，不見而名，不為而成。

▲ 憨山解：此承上言聖人所以無為而成者，以其自足於己也。

我們先把第47章的白話解釋講一講，待會再來探討相關的問題。

現代話：「不出門，而能知世間的事情。不用透過闚探窗外，而能見到宇宙運行的規律。若是離開心地愈遠，真正能知曉的事情反而愈少。所以，這些真正順應宇宙規律的人，很多時候，祂不用特別出門，就能知曉宇宙間的現況。往往，人們不會知道祂們的修為達到什麼境地，彷彿祂們也沒有特別做什麼，卻在修行領域上有所成就了。」

解讀(47-1) **不出戶知天下；不闚牖見天道。**

關於第47章，以「救世主王慈愛的實例」最是明白不過了。我們真的很難想像「佛」的境地，到底是什麼景況，更何況是「修行領域在那之上的境界」。一個真修實行的修行人，怎麼能不依賴科學，而能了知宇宙的

實相（實際樣貌）呢？太不可思議了。全宇宙，全星際網路，竟然有三大天！一般，我們是幾乎不知道宇宙的情況，但祂卻了知宇宙有三大天，也就是一、二、三宇宙。怎麼知道的？Amazing.

又，祂是如何了知到宇宙最新現況的？不禁讚嘆：原來修行領域可以達到這種程度。

這章，太有意思了。這章真正要談的是「修行領域」。

許多人，會認為「不出戶知天下」是因為有網路，或者有電視、手機。以現代人而言，這當然是一種「知天下」的方式。然而，這種方式，卻未必能夠達到所謂的「般若無知，無所不知」的「盡知天下狀態」。天下之事。為什麼呢？因為這些網路上訊息，其實在很多情況下，我們都「只是處於接受」，很多事情我們不太容易去驗証。像之前有「中國貴州龍吟事件、營口墜龍事件」、「美國天文台緊急關閉事件」……很多事情，我們幾乎都只是聽聞。所以，在日常生活、修行的路上，「親自實証」的確是一件很重要的事情。保持彈性的心靈，親自去驗証，不用急著相信或否定。

2022年10月8日，救世主王慈愛的開示：

（按：麻霖傳遞這些信息，但不知「日後若來自四面八方的質疑和問難時，乃至考驗時，應如何憶念，或如何練習，方能安定己心，不被動搖。而能繼續堅定對救世主，以及新宇宙神權的信心及信念。」因此，請示救世主。）

救世主王慈愛開示

人，最大的敵人是自己。克服了自己的盲點，那個關卡就過了……

對於所有的質疑和問難時。

請他自己看我的著作體悟，至於是否有收穫？坐而言，不如起而行。不做做看，怎知行不行？

我管的是神權。

若是修行領域搆得到神權的修行人，就會知道我所言是真。

大部分的人，都是自己不行，才會去質疑別人。

例如：自己是騙子，就以為別人也都是騙子。

心得分享：救世主的開示，均教導我們往內心調整，反省自心。

我有一段時間，內心浮動，那時也會想：「自己所接觸的」與「大部分人所學習的」，很不相同，自己有沒有走在正道上呀？

但，後來靜下心來，問自己一些問題：「依著　救世主的開示而行，心靈層次有沒有提升？」

「有！」好，我心安了。知道自己沒走錯。這是個人經驗，也提供給您們參考。祝福您們能從　救世主王慈愛的開示中，獲益，能善用這些寶貴的開示，突破生命及修行領域上的關卡。

解讀(47-2)　**其出彌遠，其知彌少。**

「出」，是什麼意思呢？向外追尋。我們一旦離開心性，而向外去追尋，愈往外尋，就離「真知」愈遠。

我們很少意識到一件事情，就是：「日常生活中，究竟有多少事，是由我們親自驗証而來的呢？」我們很多的知識、想法「是被灌輸而來的」。

就算是我個人而言，從　救世主王慈愛聽聞開示，然而，還是會以一種「驗証的態度」來看待。由於我真的程度不高，很多訊息，我只能「先聽聞→暫置、保留→驗証」，其實這不代表我不恭敬　救世主，而是強調「親自實證」的重要性。正如　救世主的開示「**若是修行領域搆得到神權的修行人，就會知道我所言是真。**」的確如此。

我年輕時，在您們所謂的「道教」裡遊走，是「道教」，不是「道家」。救世主很慈悲，慢慢地用善巧加以引導，後來轉入佛門學習。一開始，我是將信將疑，也有許多因為不理解，而對救世主有所冒犯的言語。但後來省思自己如何走過那些坎坷？依的是「　救世主所教導的心法」，而這些收入於《修行人的導航》（2022年）一書。這其間，我並不是盲信、盲從。對「救世主開示的心法法要」，我雖然有很多還未做到，但，卻也是努力想要去做到的。所以，一路走至今日。這是我個人的經歷，每個人的經歷和遇緣不同，我也沒有強迫各位相信。只是在這些因緣的促成下，希望各位也能從中獲益。

而與大家分享這段的用意是：「實際驗証吧！期許你、我，都成為『修行領域搆得到神權的修行人』。」

解讀(47-3) **是以聖人不行而知，不見而名，不為而成。**

這裡是在說：「一般人」與「神權轉世」的差別，是就著一般人的視角，而看待聖人。

「聖人不行而知」

對於「一般人」而言，「神權轉世」彷佛不出門就知天下事，甚至知天外事。我們看這些「合道的人」，如果他們不告知我們的話，其實是「不露形跡的」。換句話說，外相看起來普普通通，就可能是一位生活在我們周遭，而且「看似平凡無奇」的人。然而，實際上，人家的內在修為、心靈層次到達什麼程度，我們並不曉得。所以， 救世主開示我們「互相尊重，因為你不知道人家是什麼程度。冒犯修得好的修行人，業是很重的。」

這話是真，不是隨便說說。

在《賢愚經》卷十三．〈沙彌均提品〉提到了這麼一則事例。在此用白話，簡單和大家分享其中一段。

釋迦牟尼佛告訴阿難：在迦葉佛住世的時代，有一群比丘共集在一個地方。其中有位年輕的比丘，聲音很好聲，也很會讚誦、詠經，人們很喜歡聽他聲音。另外，有一位年老的出家人，聲音不那麼好聽，不過，他卻已經修至阿羅漢果位。

年輕比丘，就興起自讚毀他的心與言語，嘲笑老比丘聲音像狗在吠。老比丘知道了，便問這位年輕比丘：「你認識我嗎？」

「我認識你，你是迦葉佛時代的比丘。」年少比丘說。

「我已經得阿羅漢道，出家人該辦的事，都已辦好。」

年輕比丘聽他這麼一說，心裡害怕。便向老比丘懺悔。然而，就因為這一句，就這麼一句，因為譏諷「修得好的修行人」，結果讓自己在五百世中，生作狗身。

這則事例，帶給我們什麼啟發？

「冒犯修得好的修行人，業是很重的。」有時，冒犯，可能只是一句話，一個心念，就冒犯了，真的要儘量謹言慎行，多多反省懺悔。

另一點啟發是，「不要認為是畜牲道，就看輕他們」，就上述這則事例裡，該位年輕比丘雖然轉生做狗，但不代表他過去世沒有修持，也不代表他未來世不會証果。「互相尊重」真的很有道理，也很重要。

此外， 救世主開示：有一些舊宇宙的高層靈體，因為造業，而轉生到畜生道去消業。 救世主說畜生道消業最快，可是要量力而為，才不致魂飛魄散。

因此，「普敬——學習尊重一切生靈」這點真的相當重要。祝福這些暫時到畜生道的高靈能早日消業，早日出脫，共同為新宇宙帶來正向、善良的力量。也祝福暫時投生到畜生道的靈魂，能早日解脫，重新轉世為人，遇到好的修行因緣，遇到明師、善知識，在靈性修持上，能向上提升。

也真心希望地球人能學會「把人當人看」，對畜生道的眾生，我們都不能去加害他們，何況是對人。有一些心理極端變異的地球人，已經「失去做人的心」，那種「不把人當人看」的迫害、施虐、施暴行為，真的是「天不滅你，不然要滅誰？」地球文明會起起滅滅，真的不是沒有原因。「順道者昌，逆道者亡」真的是至理。祝願大家真的早日回心向善、回頭是岸。

「不見而名」

有點類似於，2018年舊神權崩解，由新宇宙神權接管。宇宙間有3分之1的星球爆炸，3分之2得以倖存。由於　救世主王慈愛救了神權，所以新宇宙神權奉祂為救世主。然而，至今為止，地球人對此幾乎是不知曉的。因此，「不見而名」，也可能指的是「人間」與「神權」的差別。祂在人間，迄今默默無名。然而，在神權裡，早已佔有一席之地。

這點給我們的啟示是：不用爭什麼名，老老實實把該做的事做好，人間看似默默無名，但天道那邊，神權不會虧待。而事實上，真正修得好的人，祂們在人間，或在神權，也不太會care那個名，反而還會像　救世主開示的「戰戰兢兢」。怎麼說呢？不怕沒名，反而是怕「有名之後，扛不住那美名迷惑而起慢心」，那就容易墮落了。所以，「落實心性」，相當重要。「心性真正落實」，那就不擔心上天考試，因為本性裡沒有那些習氣。而這就是「世俗人」與「真正在修行的人」之差別。世人考慮的是有名沒名，但「真修行人」考慮的是「能不能落實心性，以通過上天考核」，這在出發點（因地）上，就有極大的不同。

「不為而成」

譬如劉伯溫《燒餅歌》中有云：「有詩為證：不相僧來不相道，頭戴四兩羊絨帽，真佛不在寺院內，他掌

彌勒元頭教。」「不為而成」是我們凡夫以凡眼在測量聖人，以為人家「不為」，其實「不為」在這裡的含義是「默默付出」。默默付出，別人也不知道，因此，以為聖人「不為」，其實救世聖人默默為眾生承受了多少苦痛，多數人們哪裡會知曉。

⊙綜觀上述，第47章，是在描繪「修行領域所達到的狀態」。

48.為學日益，為道日損。損之又損，以至於無為。
無為而無不為。
取天下常以無事，及其有事，不足以取天下。

▲憨山解：此承上言無為之德，由日損之功而至也。

上一篇「是在描繪修行領域所達到的狀態」，而第48章，講的是「如何達到上述的狀態」。特別講到「世間學習」與「修行領域的修學」的不同。

之前有一位廣欽老和尚，他曾說過「出家是要修行，不必要到外面去讀書，佛學院所講的，未必完全是佛學，參雜了一些社會學，接觸環境久了，心無法脫離世俗。」

當然，這裡也不是要談出家或不出家。而是借用他老人家這段話，說明「世間學習」與「修行領域的修學」，畢竟不同。

簡單舉兩個例子就好

A. 不論，讀什麼宗教的學院，多半會要求學生進行筆試。然而，一個人的涵養好不好，修行領域上的修為如何，哪裡是紙筆測驗能測知的呢？

B. 譬如背誦，有些學者／行者，因為自己看重背誦，所以也要求學生背誦。

然而， 救世主王慈愛教導的是：「『經』不是要求背，而是你做到沒，且適用於當下，帶你走過關卡，如同船渡人，過即不背。」

因此，我真的不得不說「現今有些佛教機構，的確摻雜了世間的學習方式」。這話，不是要批評佛教，旨在期待佛門，乃至各個宗教，都能夠回歸到「真正契合修行領域的修學方式」，而因此有個新出路。

畢竟「研究，不等於修行領域上的成就」。

對於現代人而言，最需要的是什麼？如何協助有心修持的修行人，真正找到修學的方向，不用再苦苦摸索，卻又往往不明所以，這些反而是我們要省思的。當然，這是個人的見解，也沒要大家非得認同不可，只是分享給大家做一個參考。

不是為了教而教，不是為了講而講，不是為了學而學。

是否，在一窩蜂地跟進時，能緩下步伐，想一想：

自己到底在做什麼？究竟要跟著人群走向何處去？

解讀(48-1) 為學日益，為道日損。

以往，我們會解作「世間的學問，一日日要獲取新知、增加所學；而修道／修行，是要一日日地減損自己的煩惱、習氣、毛病」。本章，一開頭，也比較傾向於這樣的解讀。

上述的解讀也是ＯＫ，不過，我們再來看看另一種解讀方式。「為學日益」與「為道日損」，一般來說，我們會視為「兩種不同的方向」，譬如上述就把它分成「世間學習」與「修行領域的修學」，而您們這樣順著看下來，會不會也理所當然地接受上述看法，也把它們視為不同的方向呢？

然而，在這裡要問的是：「為學日益」與「為道日損」能不能是同一件事？

救世主王慈愛偈：「轉世於世間，是來學習的，遇到的事情，即是須做事。」

因此，我們並不能武斷地說「為學日益」不好，重點是在：當我們在看待「為學」時，是「要學什麼」？又，在看待「日益」時，是「想益什麼」？

我們在填充式的教育下，往往被塞進很多認知，而我們卻不太清楚這些學習的實際效用為何？或者，到底這些學習內容對我們真實的助益是什麼？然後我們被推著要學這些「知識」。

如果我們把人生的主軸安於「如何讓自己過著『順應宇宙運行規律的生活』」這件事上，並以此做為我們的目標。我們會比較清晰地知曉「我們該學些什麼」。

事實上，這也是每一個存在的目標。不論是用「靈性的覺醒」也好，抑或「自性的覺悟」也好，其實是一樣的。「心靈層次的提升／回歸本源自性清淨」，這是「眾靈／有情眾生」的共通目標。

所以，如果是「以此（順著道走）為學習方向」，那麼「為學日益」並沒有什麼不好。也就是在這種情況下，「為學日益」可以與「為道日損」連結，這兩者可以是同一件事。

然而，問題在於：我們所學的，是不是有益於我們「復返源頭」？還是，反而成為一種阻礙？

所以，很顯然地，不論是「為學日益」或「為道日損」，在這「損、益之間」的關鍵是「順道與否」——也就是「是否按照宇宙運行的規律／法則在走」。

所以，當我們能從這個「為學日益」或「為道日損」的名詞跳出來後，將會發現這兩者也都只是一種「形容詞」，可以是切入角度的不同。彼時，我們則無須再去探究「『為學』到底是不是指『世間的學習』」，又或「『為學』與『為道』是不是對立」，這些，將變得不重要了。**重要的是：「是否把人做好，是否按照宇宙運行的規律／法則在運作」，這才是第48章的精華。**

因此，第47章的「不出戶知天下……」是在說明修行領域狀態，第48章就是在指點我們方法、方向。

解讀(48-2) **損之又損，以至於無為。**

這句話就是在講「修行領域提升的方法」。

救世主曾開示的「佛菩薩沒有的習氣都不要有」或「心空及第歸」等，都可以做為「損之又損，以至於無為」的最佳解說。

損之又損，是損什麼？不是損人利己的損，不是罵人損色的損。而是，「佛菩薩沒有的習氣都不要有」的意思。

「以至於無為」有兩層含義：

第一，把不好的習氣，都蕩除乾淨，以致於再沒有可以蕩除的了。

第二，雖然是在「修心性、改習氣」，但不要「老是覺得自己在修心性、改習氣」，這可對照第10章所說的「滌除玄覽」。

解讀(48-3) **無為而無不為。取天下常以無事，及其有**

事，不足以取天下。

看似什麼都沒做，然而什麼都辦好了。為什麼呢？順道。

而順應於道，這主要是在心性上，外相上不一定看的出來。一個人，她的內心達到什麼境地，我們一般人看不懂。

我們在此講個故事，相信大家一聽就明白。這是明朝龍褲國師的故事，我們只揀一小段簡單講。

龍褲國師的故事

在明朝，萬曆皇帝（明神宗）的母后過世，明神宗想超渡母親，於是就想找一位高僧來超渡她。於是召請僧人入京城，但是來的僧人那樣多，怎麼知道哪一位是高僧？而令人不解的是，這些僧人只要昂首闊步入城的人，官方就供養他們一些路費，便請他們離開了。直至，最後，有一位供水結緣、幫人挑行李、渾身邋遢的僧人，當他要跨過城門時，竟伏在地上不願起來，士兵拉他也不起來。他說：「地上有《金剛經》。」這樣一來，明神宗心裡就有譜了。傳話給僧人：「何不倒頭進來？」這個法師一聽，手一拄地，翻個身，便進了京城。原來是皇帝想知道哪一位是有道僧人，便在門檻下安放了一部《金剛經》。

好啦，那這位僧人進京後，重點就是超渡皇太后了。

就問他需要備辦什麼法器或經典，會場怎麼佈置呀，之類的。結果出乎意料地，他只需要「擺一張桌，一支幡，以及太后的牌位。」明神宗問：這樣會不會太草率？這位僧人表示超渡太后並不需要太多東西。

到了晚上，群臣隨著皇帝，等著高僧渡脫太后。沒想到，高僧在桌前，拿起了幡，對著太后牌位，只唸了一句「我本不來，你偏要愛。一念不生，超升天界。」表示超渡已了。

大家正在驚疑之際，空中傳來太后的聲音：「聖僧度我，我已解脫；你們還不趕快禮謝？」明神宗與群臣聞音，方知太后果真已被超渡，當下叩謝這位僧人。後來，一個因緣，皇帝送了他一件褲子，因此人們稱他作「龍褲國師」。

「無為而無不為」

一般人眼裏，看似什麼也沒做。沒有排場，沒有繁複的科儀，沒有嘹亮引人的誦經聲，極其簡單的佈置……，龍褌國師為什麼超度了太后？——功德量。

也就是，宇宙間是怎麼運作的，這，我們得了解。超度，憑藉的是什麼，我們也得了解呀。「超度」，憑藉的是「功德量」（但「行善」，不能執著有沒有功德量，不然，就變成「梁武帝與達摩祖師」那段對話的公案了。）。

因此，為什麼能「看似無為，而無不為」？因為，順著宇宙運行的理（規則）去行了呀。不然，龍褌國師，就這麼上到台前，拿起幡來搖了幾下，唸了一首偈，皇太后就被超渡了？說不定，他在心中已默默「回向」皇太后，只是我們不知道而已。

相同的道理，一個人想要在修行領域成就，乃至於世間要太平，也得順應「宇宙運行的規則」。所以，前頭說到「『修行人成就與否』」跟『學校筆試成績』沒有關係」，這不是隨便亂提的。其中，要表達的就是「對於修行的成就與否，宇宙運行的規則是什麼？這個得認識，才不致於白費工夫。」

解讀(48-4) **取天下常以無事，及其有事，不足以取天下。**

在老聃的開示中，許多地方會以「天下」做比喻。但，我們知道是個譬喻就好。

什麼叫作「取天下」？「取天下」可不是指「奪取或佔有天下」。地球上，單單是幾個國家領導人想佔有天下，都已經亂成這樣了。如果人人都想佔有天下，那還得了。

「取天下」指的是「行於天下」。「常以無事」，著重於「無所求」。「有事」，指的是「背道而行」。背道而行，就會「很有事」。順道而行，順著宇宙運行的規律運作，它有個「節奏」，依著這個規律／節奏，就很自然、很輕鬆，借力使力，就不用費勁，因此也不用特別去求。

所以，整句話就是：我們人生在世，行於天下，要學習「無所求」。因為，不迷惑於世間，才容易達到「無所求」。而「無所求」是「順應天道的表徵」。若是「背逆宇宙規律而行」，那麼行走於世間，就很容易「處處造業」。順天者昌，逆道者亡。逆道者難以平順行於天下，所以稱作「及其有事，不足以取天下」。

49. 聖人無常心，以百姓心為心。

善者，吾善之；不善者，吾亦善之；德善。

信者，吾信之；不信者，吾亦信之；德信。

聖人在天下，惵惵(歙歙)為天下渾其心，百姓皆注其耳目，聖人皆孩之。

▲ 憨山解：此言聖人不言之教，無心成化，故無不可教之人也。

解讀(49-1) 聖人無常心，以百姓心為心。

這說合道者能夠應機教化，沒有特定要用什麼方式，也沒有特定要展現什麼形象。就像之前提過的〈觀世音菩薩普門品〉，眾生應以何身得渡者，菩薩就現什麼身去渡化眾生。所以，我們還是要突破「眼所見形相的束縛」。如果能有靈性、轉生或因果的概念，將對我們突破這層束縛有所助益。就好比第47章提及的《賢愚經》卷十三〈沙彌均提品〉，雖然轉生至畜生道受報，然而他過去生還是有所修行，而我們又豈知他未來不會早我們成就呢？

另外，一則有關「杜順和尚、青娘子、豬老母」的故事，也給我們帶來啟發。

杜順和尚、青娘子、豬老母

杜順和尚(公元557年—640年)。

杜順法師座下有一弟子，向他學法十多年了，但平時只見師父白天種地、晚上念《華嚴經》，不知不覺，從開始的深具信心，到後來覺得沒啥可學。便動了心念，想前往五台山朝拜文殊菩薩，求菩薩開智慧。

於是，這位弟子便向杜順法師訴說此事。

杜順法師回覆他：「在這修行，與到五台山拜文殊菩薩，是一樣的」這位弟子一再請求，杜順和尚便也就答允了。

臨行前，杜順和尚請他轉送兩封信，說「一封給青娘子、一封給豬老母」。弟子收下信後，便啟程了。

他找到了青娘子，沒想到她是一位伎女。他頗為訝異，認為「師父怎麼會有一個當伎女的朋友？」

將信件交予她後。那名女子接過信一看，卻說：「我知道了，我的工作已做完，現在該走了。」語畢，坐著便離世了。

該位弟子覺得奇怪，將信撿起一看，上頭寫著「觀音，我現在事情辦完了，要走了，你也跟我走吧。」什麼！青娘子竟是觀音菩薩。

這名弟子繼續去送第二封信。找到豬老母，原來它是一頭豬。豬老母接到信，以鼻拱開信，隨及也離世了。弟子納悶，也撿起信一看，信上寫道「普賢，我事情辦完，要走了，你也跟我走吧。」豬老母竟是普賢菩薩？！

送完兩封信，這位弟子終於也抵達五台山，在山下，便遇見一老者，老者問：「你來五台山有何事呀？」

他回答：「朝拜文殊菩薩，求祂幫我開智慧」。

老者竟說：「你師父就是文殊菩薩。」說完，人便消失了。

這名弟子此時驚覺，立刻返寺找師父。然

而，當他抵達寺院後，才知杜順和尚早已圓寂多時。

故事中的豬老母，顯現畜生道的形貌，我們哪知竟是普賢菩薩化身。這則故事，帶給大家什麼啟示呢？

「聖人無常心，以百姓心為心」但是，無常心，不是說聖人沒有原則，祂們有原則，這個原則就是「順道——依著宇宙運行的規律而行」，譬如「因果觀念」這亦是「道」的開展。

「以百姓心為心」怎麼解讀呢？「百姓之心，雖看似難以計數，但總不出佛家所謂的『離苦』與『得樂』」。避開苦難，乃至於對幸福與快樂的嚮往，是眾生所期盼的。我們觀察，我們這些世間人為什麼貪圖名利權力，其實說到底就是「對幸福快樂的嚮往」，但問題出在，我們迷了。迷，就是「認不清、看不明」，人們不知道「什麼才是真正的幸福快樂」，搞不懂「人生要如何能才能真正不枉此生」，也不大清楚「宇宙運行的規律，與順應於道的重要性」。

「避開苦難，乃至於對幸福快樂的嚮往」這都沒錯，但是，方向、方法搞錯了。佛門稱這種情況叫作

「錯用心」。而聖人之所以現身於世，就是希望我們這些搞錯方向的人，迷途知返，因此，叫作「回頭是岸」。我們讀《道德經》，就可以了解，這些聖人一直苦口婆心地勸我們「回頭、回頭、回頭」。「找到正確的方向」叫作「回頭」。回頭，稱作「歸」；有個安定之處可停歇，稱作「依」。「安定之處」不一定真是一個什麼「地方」，惠能法師即認為「覺、正、淨」即是自性歸依處。

而，之前的舊宇宙，一些舊神權因為貪圖權力、貪求功德量、使用法術，結果業力爆表，直接消失。能達到神權，基本上，祂們的福報都比我們大太多了。福報比我們多，都因為大量造業而消失，我們這些福報不如祂們的人，怎麼能不更加謹慎呢？這不是開玩笑的。

★ 救世主王慈愛2022年7月25日開示〈向地球人說明大局〉：

五、地球人的迷失，以為造業不用還。

真相是，要還的，舊宇宙神權，就是使用法術，業力連天，敗光治理權力的。使用法術掌控人，害人，會迅速耗盡個人的1.累世修為，2.福報，3.轉世空間，4.陽壽。逐一耗盡，就沒了，您的選擇，神權都尊重。

（收錄於《好運的泉源—把人做好：道德經講義(道篇)》(2022年)，P12。）

所以，「聖人無常心，以百姓心為心」就是聖人不會拘泥於非用什麼方式不可，但這不表示祂們沒有原則。祂們有原則，原則就是「順著宇宙運行規律，希望眾生離苦、得樂，能夠真正走向光明的道路，真正地幸福快樂。」為了這個目標，很多的聖人、神權寧可自己受苦、吃虧，也希望喚醒世人那顆原本美好、良善的心。

根據這個理念而行的話，又跟那些瑣瑣碎碎的宗教儀軌有何干係？宗教，本來就是「理念、真理的傳遞」，不在形式、排場。這在前頭提到的龍褲國師公案，也可見端倪。在一般人的眼裏，場面大一些、排場大一點，就會覺得好像比較有效，當然，這是一種錯覺。也就是說，如果儀軌對「導正人心」有所助益，那不妨用吧；倘若，用處已然不大，建議還是調整方向吧。畢竟「導正人心，落實心性，了解因果，冥合於道」才是重點方向。

解讀(49-2) **善者，吾善之；不善者，吾亦善之；德善。**
信者，吾信之；不信者，吾亦信之；德信。

我們先簡單解讀一下老聃的話：不論對方善不善，自己還是保持善良，這是出自我們本性的善良。不論對方，是不是信實，我們自己還是以真誠相待，這是出自德性的信實。

前陣子，聽到一句話，很美，它是這麼說的：「不論你的靈魂遇到什麼事情，都要讓自己選擇愛的那一邊。」我想，這句話恰好可以用在此處當註解。

上面這段話強調的是「保持內在的善與真」。

之前，有一位老喇嘛被囚禁，期間遭受許多不人道的對待。災難結束後，他遇到達賴喇嘛尊者，尊者問他：這段期間，讓你最害怕的是什麼？他說：我最害怕對這些人失去慈悲心。

「願意保持內在的善與真，並能堅守這份善與真」——這並不一定是容易的事，尤其是在遇到逆境的時候。能夠堅守的人，真的是不簡單。

解讀(49-3) **聖人在天下，惵惵為天下渾其心，**
百姓皆注其耳目，聖人皆孩之。

關於這句話，我們先看憨山法師的解讀方式。「惵惵」，汲汲，努力求取。「渾」，渾厚。

憨山法師認為：「聖人處其厚而不處其薄，汲汲為天下渾厚其心。」「百姓皆注其耳目者，謂注目而視，傾耳而聽，司其是非之昭昭。聖人示之以不識不知，無是無非，渾然不見有善惡之跡，一皆以淳厚之德而遇之，若嬰孩而已。」

這是說，「聖人處於淳樸厚實，而不會薄情寡恩，他們致力於天下人也能渾厚各自的心。雖然很多時候，會遇到不能理解的人，老是要去窺伺聖者的缺點，或找他們的是非。然而，聖人也不在意，彷彿沒有這些是是非非的紛擾，在他們的內心，是很乾淨、清靜的，還是以善良真誠的德行看待世人，就彷彿赤子一般。」（內心的小王子）

忍辱、不計較 VS 不當濫好人

「忍辱、不計較」是「理」，而「懂得保護自己」是「事」。能夠在「忍辱、不計較」當中「懂得保護自己」，應該也算得上是一種「理事圓融」。

雖然「打不還手，罵不還口」可能是一種修養，但在現今的社會裡，關於「忍辱的應用」，還是可以善巧。

譬如，小孩子在學校被霸凌，難道我們要告訴他們「你要忍辱唷」，「忍辱」這個概念不是這樣濫用的吧。小孩被霸凌，我們要教他們「懂得保護自己」。保護自己，不是一定要打回去、罵回去，但總得協助他們學會「不要一直被欺負」。

雖然有些修行人特意要學習「忍辱」，所以，當遇到打罵時，這些人願意忍耐，甚至釋迦牟尼佛前生為忍辱仙人時，他被歌利王割截身體，他也沒生起瞋心。其實，您們說忍辱仙人當時沒有保護自己嗎？有，他有保護自己，他保護自己的心不起瞋念。

而我們一般人，還沒到他們程度時，自己得拿捏忍耐的限度，和懂得保護自己。為什麼？避免我們強忍，最後變成抑鬱者，或者累積情緒又無法消化，而導致情緒爆發了。

之前日本有一部電影，叫作《青鳥》，另外，還有《不幹了，我開除黑心公司》，都是這種關於霸凌的題材。前者是校園霸凌，後者是職場霸凌。

「忍辱」在佛門當中，是六度波羅蜜之一，然而，在現實生活的實際操作上，應該還是要因時制宜。學習「忍辱、不計較」很好，但這「不表示我們不能去保護自己」。「當個好人」，很好，像上一本書《好運的泉源——把人做好》，也是希望大家當個好人。然而，是「當個好人」，而「不是當個濫好人」，這個要能明白。否則，對於那些弱勢、遭受霸凌的人們而言，難道要他們默默被霸凌嗎？不是這樣的吧。

「忍辱、不計較」很好，但不要讓這些美好的德性，成為某些人「欺負人的藉口」。

關於「惵惵為天下渾其心」這句話，有另一個解讀方式 ，也提供給大家參考。

「惵惵」，恐懼的樣子，戰戰兢兢、小心謹慎。「渾」，混濁、糊塗。如果這樣解讀的話，「惵惵為天下渾其心」就可理解為「聖人處世時，亦是戰戰競競地，混跡於世間，而能和光同塵。」如此，意思就與憨山法師的解法不同。憨山法師的解讀，側重於「使眾生

心得以渾厚，不再寡薄」；而此處的解讀著重於「修行路上的謹慎與低調」。兩則解讀，都提供給您們參考。

值得稍加說明的是「戰戰競競」，並不是叫我們產生恐懼心理。因為，恐懼心理，也是一種低頻率的能量。「戰戰競競」的重點在於「小心謹慎」。

★ 救世主王慈愛亦曾教誡：「小心、低調、不爭」。

50. 出生。入死。

生之徒，十有三；死之徒，十有三；人之生，動之死地，十有三。
夫何故？以其生，生之厚。
蓋聞善攝生者，陸行不遇兕虎，入軍不被甲兵；
兕無所投其角，虎無所措其爪，兵無所容其刃。
夫何故？以其無死地。

▲ 憨山解：此言聖人所以超乎生死之外者，以其澹然無欲，忘形之至，善得無生之理也。

這是一則譬喻，一樣，我們先從字面上看一下。

第50章今譯：

「出於生－入於死」。如果，把人數分成十等份，出生的有十分之三，過世的有十分之三，在這生與死間的有十分之三。什麼原因呢？因為有「出生」這回事。出生，這件事，對人們影響是很大的。曾聽聞，善於過活的人，在陸上行走，也不會遇到猛獸、老虎攻擊，進入軍中也不用披鎧甲，猛獸也沒有能用角攻擊他的地方，老虎也沒有能用爪抓傷他的地方，兵刃也沒有能砍傷他的地方。什麼原因呢，因為對他而言，「沒有死亡這件事」。

「把人分成十分，三分之一如何如何」，這是一個「方便說」。「方便說」是什麼意思？就是「這樣說，比較好說，比較好讓人們理解，它可能會是一則譬喻，一個形容。」

第50章的重點，還是在於「認識宇宙間的真相之一，靈性是存在的」。對我們而言，為什麼「有生有死」，會從「出生」到「入死」？因為，我們沒看清宇宙的真相，我們不知道有靈性這回事。從靈性、靈魂的角度來說，的確「沒有生死」。身體，是一個讓我們靈魂、靈體暫居的器皿。我們一般人，轉生時，進入到這個器皿後，就像一張白紙，會「忘記」自己的過去，說「忘記」是不大準確，或許用現代人的詞叫作「被封

存」。那麼，我們便開始認為：這個身體是我，現世的這個角色是我，這個是我所擁有的……我們會開始依據這個身體，以及社會角色過生活。

然而，事實上，這只是一種「靈性藉助身體，而進行體驗與學習。」譬如，電影《阿凡達》與《駭客任務》。在《阿凡達》電影中，男主角到底是「地球士兵——傑克」呢？還是「潘朵拉星球上的阿凡達」呢？我們在電影中，看到了一個「靈魂」在兩個軀殼裡往返的情況。傑克最終，選擇成為阿凡達，並在潘朵拉星生「活」著，融入當地居民納美人的生活。

我想，電影《阿凡達》對《道德經》第50章，會是一個很棒的例子。

（有一些人，一提到「靈魂」，就又覺得是「外道」。其實，大可不必如此。很多詞彙，在敘述中，可以視為一個形容詞。重點是，我們可以從中體悟什麼。）

生，是誰在生？死，是誰在死？禪宗云「參那父母未生之前」，電影《達摩祖師傳》裡頭，也有一橋段，達摩祖師出家求道前，還是三王子的身份，那時他有了一個「自問」，他問自己「未生我前，誰是我？生我之後，我是誰？我是誰？……」

這些例子或自我提問的背後，所呈顯的，其實都在揭櫫「宇宙的真相、靈性的奧祕」。換個詞彙來說，就是這些人「開始覺醒了」，開始覺醒於「生命的真相」。

在《一念之間，再回世界末日？》書中，有一提問：「地球上，仍有許多被販賣器官的殘酷情形，讓人看了這些現象，感到很不忍心。這種現象，如何從世界徹底移除？」

★ 救世主王慈愛對此開示：「不再器官移植，肉身只是個殼，靈魂不滅，再轉世即可。」

由此，我們知道：這個物質的身體（即所謂的「肉身」），並非恆常的，它會老、會死（消亡），我們要降低對它的執著。如果我們不了解這個道理，就會想要不斷地用人為、極其刻意的方式，試圖延長這個肉身的使用期限。有很多時候，因此走錯了方向，譬如上面提及的「販賣器官的殘酷情形」，或者某些科學家就朝著「人體冷凍技術（Cryonics）」進行研究。我想，這肇因於「人類停留在物質界，而對靈性觀念不甚了解的因

素」。所以，一個出發點的不同，形成完全不同的走向。

如果地球人能認知到「肉身只是個殼，靈魂不滅，再轉世即可。」那麼，「販賣器官的殘酷情形」或「人體冷凍技術（Cryonics）的研究」，乃至類似的現象，都會被移除。因為，沒有必要。

當地球人真正體認到「靈性的重要」，人類將會轉為理解：「要如何提升靈性，或如何能轉世到比較好的狀態？又如何藉由那個狀態，再讓自己的靈性提升。」

除此之外，也曾得知，有些修得好的修行人在臨命終前，說「換個身體再來」。佛家用「乘願再來」來形容這類的修行人。這個就是他們已經到達「對於轉生，有某種選擇權的程度」。

因此，再回頭看「善攝生者」這個詞。先前解作「善於過生活的人」，但，若再往深刻裏說，講的就是「善知生命真相的人」，也就是「真正知曉生命真相的人」。

「陸行不遇兕虎，入軍不被甲兵」 我們可以聯想到與釋迦牟尼佛幾則相關的故事。其中一項，是釋迦牟尼佛過去世曾「割肉餵鷹」，或者曾作鹿王時，曾捨身救護鹿族。這是為了利益他人，而犧牲自己的例子。所以，就這層含義來說，與其說「陸行不遇兕虎，入軍不被甲兵」，不如說，這些真正合道的人，已突破生死，縱然祂們遇兕虎、入軍陣，內心也是無所畏懼。然而，印象中，在佛經裡「捨身救人」彷佛被視為一種「無我的情操」。

不過，「捨身」跟「自殺」有什麼不一樣，待會我們對此再稍作說明。

另一項是「釋迦牟尼佛降伏醉象」的故事（出於《雜寶藏經》）。有人想要害釋迦牟尼佛，於是把象灌醉，然後在世尊經過的路上，故意放出醉象，想傷害世尊。當時民眾們都害怕地走避，唯有世尊毫不畏懼。出乎意料的是，醉象來到世尊的面前時，並未傷害世尊，反而跪倒在地。所以，有些人的確是有能力，能夠安撫這些生靈的。

講到釋迦牟尼佛，距今兩千多年，大家可能覺得有點距離。其實，民國初年，也有位廣欽法師，他証得念佛三昧後，進入大陸泉州的清源山修行，也曾在那裡降伏老虎。當時入山砍柴的樵夫見他與老虎相安無事，便稱他為伏虎師。人世間，的確還是有這種「以德行降伏眾生」的事跡。

⊙「捨身」跟「自殺」有什麼不一樣？

捨身，不是自殺。生命珍貴，請勿輕生。

我們剛才談到「釋迦牟尼佛過去生中捨身餵鷹」的事例。這類的「捨身」，畢竟與「一般人所謂的自殺」不一樣。

那麼，是哪裡不一樣呢？

「捨身餵鷹」，是因為祂當時的靈性程度，已經達到不被肉身束縛的狀態了。這個，我們一般人硬要效仿也是效仿不來的。譬如讀過《金剛經》的人，應該都知道世尊說到「如我昔為歌利王割截身體，我於爾時，無我相、無人相、無眾生相、無壽者相。何以故？我於往昔節節支解時，若有我相人相眾生相壽者相，應生嗔恨。」這段開示。

那是祂過去生為忍辱仙人時發生的事。大家有沒有想過一個問題，「被割截身體，不會痛嗎？」對我們凡夫而言，當然很痛。但祂為什麼忍了下來，不生瞋恨？用現代的話來說，就是祂當時身心靈的狀態，對我們一般人而言，已有很大的不同。

所以，這類的「捨身」，與「世間所謂的自殺」，畢竟不同。不同的原因，就在「身心靈的狀態」不同。

曾經，我讀到《藥王藥上二菩薩經》，看見菩薩燃指、燃身供佛的事例，很是佩服。 救世主王慈愛觀察到我的想法，便告知「不要自殘」。程度不一樣呀。

所以，對於我們而言，「認知宇宙運行的規律，老實把人做好」這是比較接地氣的。

◆生命珍貴，請勿輕生。

「想不開」、乃至「憂鬱、躁鬱、抑鬱、emo……」等的成因有許多，譬如：習慣於負向思維、生活及工作壓力、原生家庭……等，然而「業力或冤親債主的干擾」等靈性層面的因素，卻容易被現下醫學所忽略。在此狀況下，「藥物控制」儼然成為目前醫學的主流。

可謂「靈性層面的因素」是現下醫學「未能觸及、處理的區塊」。然而，「藥物控制」只能治標。如果要

「真正根治」上述問題，人們還得對「靈性世界」以及「宇宙運行的規律」加以認識才行。

那麼，在這種狀況下，我們一般人如何自救呢？一味盲目地跑寺院、宮廟，也不是究竟的辦法。

救世主開示，可「持咒」回向。

這裡，引用《一念之間，再回世界末日？》的兩段問答，提供各位做一方向。有上述問題者，祝福您們能找到合宜的出路。有興趣了解更多問答內容的人，請自行找《一念之間，再回世界末日？》一書來閱讀。

三、很多現代人有精神、心理方面的問題，譬如憂鬱症、躁鬱症，請問有沒有解套方法？

救世主：

「有，這些症狀，都是冤親債主所造成，提供足夠的功德量，就能解冤釋結，若是有多世的糾葛，就要多次化解。

地府隨著節令，一波波釋出索討訊息。」

九、關於「回向、冤親債主與因果網」

(一) 曾有人提出：「雖然回向給冤親債主，解冤釋結，永不糾葛，但要如何才知道是否已清償」？

對於「靈魂形態的冤親債主」，當然從久遠已來，我們一般人都曾與眾生結下不少冤結，持續地回向、解結，固然是必要。但是，對於「已經轉生於世的冤親債主（譬如說親友、同事…）」，要如何知道自己與對方已經清償債務？

救世主開示：

(一) 以病痛為例，就是症狀減輕，代表有功德量，冤親債主，願意接受和解。

若已還清，就無糾葛。

總歸《道德經》第50章，用現代的話來說，就是「認識靈性，了解生命的真相」。

51. 道生之，德畜之，物形之，勢成之。
是以萬物莫不尊道而貴德。
道之尊，德之貴，夫莫之命常自然。
故道生之畜之；長之育之；成之熟之；養之覆之。
生而不有，為而不恃，長而不宰，是謂玄德。

▲ 憨山解：此言道德為萬物之本，人體道虛懷，而造乎至德也。

解讀(51-1) 道生之，德畜之，物形之，勢成之。
是以萬物莫不尊道而貴德。

第51章，也是在談「道的作用」

「道」先前都談過了。這裡講一下「德」。憨山法師說「道為天地根，故萬物非道不生。且道能生之而已，然非德不畜。畜，長養也。如陽和之氣，含育而培養之，皆其德也。」

這裡，其實是硬生生地把「道」和「德」的概念分開來談。實際上，這與前頭說的「道生一」有點類似。「道」即「一」，即源頭。「一」即「道」。那為什麼還要說「道生一」？為了「方便理解」。因為，「道－宇宙運行規律」，無形、無象、無聲、無色，不大容易體會。但，講個「一」，似乎感覺「產生了某種形象」。

而此處，憨山法師所謂的「道能生之而已，然非德不畜」就有點類似這個情形。德，是道的體現、顯化。「德」，也在「道－宇宙運行規律」當中，怎麼又會有「道只能生，而不能畜的情形」？所以，我們知道：這與「道生一」是相同的概念。

「德」是「道的體現、作用」，跟我們講個「德」，這讓「無形、無象、無聲、無色的道」好像產生了一些「形象感」。

「物形之」　形，可見的，可觀察的。也就是「透過森羅萬象的姿態，我們可以觀察到：有一個『道、德』存在。」

「勢成之」　這著重於「自然」，用佛家的話叫作「因緣」。勢，形勢。譬如，地球自轉，這個地區轉到了向著太陽的時候，那這裡就是白天。這是「自然之勢」，也就是在談「時節因緣」。

有個成語叫「揠苗助長」，就是說，這植物還在小苗，要給它時間成長，不是說「硬把它拉離泥土一些，看似比較高，就會長得比較快」，不是這樣的。這就是「不依時節，不順勢而為」的寫照。

「順勢而為」，小孩也是一樣，修行也是一樣。先「找到正確的理念、方向」，然後「隨順因緣，順勢而為」。

解讀(51-2) **道之尊，德之貴，夫莫之命常自然。故道生之畜之；長之育之；成之熟之；養之覆之。**

這就承著上頭的「勢行之」來說，「順勢而為、隨順因緣」。命，在這裡解作「強力、強令」。

整句是說，「宇宙規律運行，是自然運行的，不是勉強或強令行之的，這叫作『自然』。所以，森羅萬象依道德而顯化、而畜、生長、化育、成熟、滋養乃至覆滅（或說覆護）。」也就是「成住壞空，都在道中」。

解讀(51-3) **生而不有，為而不恃，長而不宰，是謂玄德。**

這段，是第51章的重點。

宇宙運行的規律，雖然遍布於森羅萬象，生成化育萬物，而不認為是自己擁有；運行周遍而不邀功；長養萬物而不佔有，這就是所謂「德性的極致」。

「諸菩薩摩訶薩應如是降伏其心：『所有一切眾生之類，若卵生、若胎生、若濕生、若化生，若有色、若無色，若有想、若無想、若非有想非無想，我皆令入無餘涅槃而滅度之。如是滅度無量無數無邊眾生，實無眾生得滅度者。』何以故？須菩提！若菩薩有我相、人相、眾生相、壽者相，即非菩薩。」

「復次，須菩提！菩薩於法，應無所住，行於布施，所謂不住色布施，不住聲、香、味、觸、法布施。須菩提！菩薩應如是布施，不住於相。何以故？若菩薩不住相布施，其福德不可思量。」

——《金剛經》

上段的重點就是　救世主王慈愛開示的「利他行」與「不邀功」。

若實際去執行，做到了，達成了，圓滿了，這就是「德之至也」，這就是「修行／修心的法要」，大道至簡，沒那麼難以理解。

救世主曾開示：「在於行，利他行，做就是」。

52. 天下有始，以為天下母。

既知其母，復知其子。既知其子，復守其母，沒身不殆。

塞其兌，閉其門，終身不勤。

開其兌，濟其事，終身不救。

見小曰明，守柔曰強。用其光，復歸其明，

無遺身殃；是為襲常。

▲憨山解：此言道體之方，當以背物合道為要妙也。

解讀(52-1) 天下有始，以為天下母。

「宇宙運行的規律，是天地的生成的根源」

解讀(52-2) 既知其母，復知其子。既知其子，復守其母，沒身不殆。

白話：既然認知到「根源是『道』，而天地萬物由『道』」而生」。那麼，我們既然得以生存在這「天地之間」，又蒙受「萬物」的滋養，乃至，我們自身的根源，也源自於這個「道」。我們應當也去「依循這個宇宙運行規律行事」，如此才能在這宇宙中不被淘汰。

■母：此指「根源」，即「道（德）——宇宙運行的規律」

■子：此指「天地、萬物、森羅萬象，乃至我們『人』」。

■守其母：依循、遵守、保護「道」

■沒身不殆：不被淘汰

現今，我們生活在地球上，也是一樣的道理。我們生活、轉生到這個星球上，蒙受地球母親的照顧，一切生活飲食都在這星球上，大小便溺全由祂容受，我們應該好好去愛護祂、守護祂。一來，這是對地球母親的尊重，二來，我們才不會因此遭到淘汰。以前的姆大陸以及亞特蘭提斯等地球人類文明，都被「打掉重練」。這些前車之鑑，希望我們都能引以為借鏡，才不會重蹈覆轍。

解讀(52-3) **塞其兌，閉其門，終身不勤。**

「塞其兌，閉其門」，在第56章會再出現一次。這裡，我們直接用憨山法師的註解說明。

■塞其兌：**「兌為口，門乃眼耳，為視聽之根。謂道本無言，言生理喪。妄機鼓動，說說而不休，去道轉**

遠。唯是必緘默以自守，所謂多言數窮不如守中。故曰塞其兌。」

兌，在《說文解字》裡，意思是「說也」。憨山法師云：「兌為口」。關於「塞其兌」，簡單來說，憨山法師的重點就在「多言數窮不如守中」這句。意思就是「少言，多行」。

■閉其門：「**然道之於物，耳得之而為聲，目得之而為色。若馳聲色而忘返，則逐物而背物性。是必收視返聽，內照獨朗。故曰閉其門。**」

這段是在講「人如何順應於道」。道，周行萬物，耳朵面對外境時，則為聲；目光向外周轉時，則為形色。如果我們迷於外境的聲色境界，而忘了反觀自性，那麼就會迷失於這些境界當中。所以，要「回光返照」，讓內在的靈性不會因為轉世，而迷於物質世界。這就稱為「閉其門」。

簡單來說，閉其門，可說是「收攝目光」或「不再沉迷於感官追逐」。

■終身不勤　勤，「勞」的意思。或許也可用佛家的「塵勞」來說明。

「塞其兑，閉其門，終身不勤」這一整段，我們嘗試用現代人的詞彙，重點回顧一下。

不要在「與人的對話當中」，迷失了自己；不要被別人言語的標籤侷限了自己，好好地與自己溝通。把「追逐聲色貨利外境、散於外境」的能量收攝回來，如果能終身這樣做的話，就不容易活在「塵勞」當中。

解讀(52-4) **開其兑，濟其事，終身不救。**

這段話，就是「塞其兑，閉其門，終身不勤」的反面。您們把上一段反過來想，就知道意思了。

簡單來說就是：放任感官追逐外境，而又迷惑於種種外在塵勞境界，那就不易得到生命的解脫。

解讀(52-5) **見小曰明，守柔曰強。**
用其光，復歸其明，無遺身殃；是為襲常。

「見小曰明」

從徵兆中，就能知道事態的發展，知曉「順道／逆道」，就能警覺要如何行事才好，這稱為「明」。佛家稱此為「智慧」。但老聃談到「知／智」通常指的是「人為的機心」。其實，只是語境的不同。理解祂們的語境就好，不用被這些字詞限制。

各個宗教對您們而言，是不同的派別。對我而言，只是語境的不同。

「守柔曰強」

柔，在此指「柔順」，其實講的就是「順於道而行」。順道者昌，逆道者亡。順道而行，自得道助，故曰「強」。

「用其光，復歸其明」

憨山法師在此處把「明」解作「道體」，把「光」解作「道用」。他的重點句在「用不離體，故用愈光，復其明，則無遺身殃也。」這是說：我們在日常生活中，雖然還是會用耳朵聽聲音，用眼睛視物，然而要記得：在這當中，不要忘失／迷失了「靈性、佛性、自性」。

如此一來，雖然耳聽聲、眼視物，但不被外境所迷。佛家《金剛經》所謂的「若見諸相非相，即見如來。」應與此義相通。亦即禪宗六祖所云「外不著境」。

「外不著境」只是修行功夫的其中一環，尚有「內不著心」。「外不著境」，不被外在境界所迷惑。「內不著心」，不被內在思想、情緒所迷惑。所以，佛門有所謂「無心道人」，人們只知「隨眾起倒，做個無心道人」，卻不知何為「無心道人」。隨眾起倒，指的是隨著大家的生活作息，穿衣吃飯，作務休息。但重點不在那些，重點在「外不著境，內不著心」，對外塵內境不去分別執著。廣欽老和尚曾說的「把身心世界冰冷放下」就是這個意思。他不是叫我們做個無情無義、冷冰冰的人，而是告訴我們「不要執著」。而在日常生活中，如何能「有情有義」又「不落執著」，這亦可謂是一種「修為」與「中道」了吧。

所以，很有趣，也很有意思。當把「理路」了解、認清了之後，很多的字句、古德的語句，不用刻意融會貫通，它們也融通一塊了。

感恩　救世主王慈愛加被，感恩新宇宙神權加被。

「無遺身殃；是為襲常」

認知到「宇宙運行的規律」，懂得把耳朵目光收攝回來，「不執著、不貪染」於外在境界。如此一來，就不會被這個身體所連累。這就稱作「襲常——遵循著真常之道而行」。

淺談理事圓融

我們順此來談一下「理事圓融」。

譬如：認知「這個身體是我們藉此來地球體驗、學習的器皿」，這是「理」。「珍惜、善用這個身體，而不被它迷惑」，這是「事」。理事本來就是圓融。

又譬如，世間的感情中，「知道人人具有佛性、至真至善的靈性」，這是「理」。但若遇到渣男、渣女、海王、海后，不以瞋怨的心對待，但要懂得避開，這是「事」——「理事圓融」。不單是情感上，人際關係也是。不是說，因為「相信人人具有佛性」，所以連遇到「不OK的人」，也不知保持距離，這就不叫理事圓融，這叫「傻」。您們不要把「傻人有傻福」這句話拿來這裡瞎攪和，這個傻，不是那個傻。笑～

53. 使我介然有知，行於大道，唯施是畏。

大道甚夷，而民好徑。朝甚除，田甚蕪，倉甚虛；服文綵，帶利劍，厭飲食，財貨有餘；是謂盜夸。非道哉！

▲憨山解：此言世衰道微，人心不古，而極歎道之難行也。

解讀(53-1) **使我介然有知，行於大道，唯施是畏。**

■介然：些許。

假若我對於「道」有些許的認知，也希望這些關於「道」的真理能讓天下人知道。然而，天下人心已不純樸，又能夠傳達給誰呢？這件事實在讓我感到困擾。

解讀(53-2) **大道甚夷，而民好徑。朝甚除，田甚蕪，倉甚虛；**
服文綵，帶利劍，厭飲食，財貨有餘。

「大道甚夷，而民好徑。朝甚除」

大道是平平坦坦的，可是世人卻喜歡走歪邪之小路。朝廷（政府）致力於以律法革除弊端，然而人民卻越鑽漏洞，愈行奸邪。

「田甚蕪」

在古代，那時還是以農耕為主。因此，田甚蕪，就是指「田地荒廢了，沒有人從事正當工作了」。人們一旦行作不正當的行當，那麼正當的工作就更沒有人去操

持了。譬如現代社會有詐騙集團的現象，這就是典型的「田甚蕪」——正當行業不做了，而做些偏邪的勾當。

「倉甚虛」

田地沒有人耕作了，田倉乃至國庫也就虧空了。

「服文綵，帶利劍，厭飲食，財貨有餘」

講究服飾穿戴，身佩帶劍，貪著飲食，講求累積財利。

■厭，有「飽、滿足」或「憎惡」兩種意思。本章採用「飽、滿足」這個意思，引伸為「貪著」。

憨山法師形容這是「虛尚浮華，極口體之欲。」

解讀(53-3) **是謂盜夸。非道哉！**

「盜夸」，有版本寫作「盜竽」。竽，在此指「先唱、起腔的人」。

「**是謂盜夸**」簡單來說，就是指「上述種種亂象，是由上位者引領之下而產生的。」這有點像「80／20法則」，義大利經濟學家帕雷托（Vilfredo Federico Damaso Pareto）在其《政治經濟學》一文中說明這種現象，例如：義大利約有80％的土地由20％的人口所有、80%的豌豆產量來自20%的植株等等。

當然，把「80／20的比例」，視為「一種法則」，我個人認為，倒是不必如此。不過，用以檢視社會狀況，是值得做參考的。可以發現：在舊時代中，權力和財貨的確被操持在少數人的手中，那些人被視為「菁英」或「金字塔的頂端」。然而，在新宇宙當中，在地球人類的第五文明裡，是否這種現象能被移除，至今仍是未知。

在新宇宙中，最理想的狀態，是「各展長才，互利共生」，我們希望這個原則在地球上也能實現。

在地球之前，截至現今（2022年10月），地球人的狀態還是一片混亂，明明大家有機會進入「黃金千年」的，卻鮮少見到地球朋友們對此做出努力。事實上，大部分的人對此，仍處於不知情的狀態。

一些大國領導人還在為了自己的「權、利」爭鬥著。致使我們地球人處於「第三次世界大戰」以及「核戰」的引發危機。如果能把這些心力、財利，用以資助經濟落後國家，讓他們的人民也有一碗飯吃，共同來研議如何讓地球的環境、生態恢復，這樣該有多好！偏偏要在那裡鬥、在那裡爭？地球的處境，大家體會到了嗎？

救世主王慈愛在2022年7月25日向地球人說明大局，其中有十四點。同名文章〈向地球人說明大局〉，已譯為英文、日文，並收入於《一念之間，再回世界末日？》，目前也發佈於FB粉絲專頁：「新地球人文主義工房」。請大家有空前往理解一些。也歡迎您們轉發給更多人知道，這是我們地球人目前的處境。[6]

所以，在老子那個時代，他感慨道：「**是謂盜夸。非道也哉！**」——這種種的社會亂象，是由上位者為「先唱者」。這是未能順應「宇宙運行之正道」而行啊。

因此，老聃等神權，當時紛紛下凡（來到地球），希望傳遞宇宙的真相給地球人，希望喚醒我們這些「迷失的靈魂」。那個時代，約為同期的有老子、釋迦牟尼佛、孔子。再過五百多年左右，出現耶蘇。[7]只是各修行人所使用的用語與領悟不完全相同，但用意是一致的，即是——傳遞真理、真相給世人明瞭，希望地球人

6 https://m.facebook.com/shinowen26473/

7 以下資料，查自維基百科
周公（生卒年不詳）
老子（前571年－前471年）
釋迦牟尼佛生卒年，有「前563年—前483年，前480年—前400年」等說法，實則具體不可考，說法紛紜（因古印度無記史之傳統）。
孔子（前551年9月28日－前479年）
墨子（前468年？－前376年）
耶蘇　西元元年－30年代

好。

所以，我們就可以理解，何以老子會時不時提到「人心不古」的概念了。而，老聃那個時代，已經如此混亂。截至今日，地球人類的心靈層次，也是相當駭人。地球，現下在這麼混亂的時局，有機會渡過劫難，有機會進入新文明，這是奇蹟。然而，這個奇蹟並不是憑空而來，是　救世主王慈愛，以及新宇宙神權打拚而來。所以，現下最重要的事情是——如何讓地球人知悉地球現況，趕緊提升心靈層次，共同渡過地球的劫難，這才是最重要的事情。

有一次，跟同參說「很希望地球人趕緊把心靈層次提升。」

他有點不以為然地對我說「你不要這麼急。」

我告訴他：「這不是急。」

實在是，這對我們整體地球人影響太大了，我們不像老聃那個時代，我們面臨的是——地球地表文明的「再一次覆滅」，亦或「平安過渡到新文明」的關鍵點。現下，是極其重要的關鍵時期呀。而重點是：我們也許，沒有太多時間了，您們能理解嗎？

傳遞這些訊息給您們，對我而言，是風險，是很容易遭到批評、攻擊、謾罵的。何以故？第一，這對大多數的人而言，是尚未理解的事。第二，若我們有幸順利渡劫，地球人們是否因此認為沒這些事？如果是您們，您們願意冒這個風險嗎？我不像老子，祂可以騎著青牛出函谷關，然後就隱遁去了。

但願地球朋友們能理解「現下的地球大局」，但願地球人，能真正斷惡修善，善人們大團結，共同希望地球好，真正渡過地球危機，不用再回世界末日，真正共享黃金千年。

54. 善建者不拔，善抱者不脫，子孫祭祀不輟。
修之於身，其德乃真；修之於家，其德乃餘；
修之於鄉，其德乃長；修之於國，其德乃豐；
修之於天下，其德乃普。
故以身觀身，以家觀家，以鄉觀鄉，以國觀國，以天下觀天下。
吾何以知天下之然哉？以此。

▲ 憨山解：此言聖人所以功德無窮，澤及子孫者，皆以真修為本。

⊙下永恆新宇宙的精神是「真心、真愛、真性情、真修實鍊、真修實行」等。

解讀(54-1) 善建者不拔，善抱者不脫，子孫以祭祀不輟。

「善建者不拔」

善於建於基業者，這個基業不會輕易倒塌。

譬如蓋房子，善於蓋房子、建築，不會地震一晃就崩塌。又好像小時候聽《三隻小豬》的童話故事。這三隻小豬是兄弟，大哥用茅草搭了房子，大野狼來了，鼓氣一吹，茅草屋被吹倒了。大哥趕忙跑去二弟家，二弟是用木柴搭建的，牢固了一些。但，大野狼奮身一撞，也把木柴屋子撞倒了。大哥和二弟趕緊跑去三弟家避難。三弟家是用磚塊水泥搭成的。結果大野狼來了，吹也吹不倒，撞也撞不倒，就沒辦法吃到三隻小豬了。

「善建不拔」，就像上面這個童話故事，根基夠穩，就不易倒。然而，對於「把人做好」這件事，或對於心性上，有什麼啟發呢？即是「善護不動——善護心念，如如不動」，這修行人真正修得好的，他們的心念、情緒波動，都是比我們穩定的。2000年，西方國家，就運用科學檢測的方法，請一些喇嘛僧侶協助做腦波測量，發現這些修行人在特定狀態下，他們的腦波與

一般人是不大相同的。（有興趣的讀者，請自行搜尋相關資料。）

所以，「善建不拔」這詞從字面上來看是「善於建立功業者，這個功業不會輕易被拔去」。然而，若從心性上來看，則是要我們練習「善護心念，如如不動」，像蘇東坡的詞「八風吹不動，端坐紫金蓮」。若能「真正地端坐紫金蓮」，這就稱作「善建」；而「內心能如端坐紫金蓮一般」，這之後，才能有所謂的「八風吹不動」，也就是「不拔」。

「處世界若虛空，似蓮華不著水」也可以拿來此處，一同體會，「善建不拔」、「八風吹不動，端坐紫金蓮」這幾則詞語的意思都是相通的。

「善抱者不脫」

「抱」，守，如守成。「脫」，失，如失去。「善抱者不脫」，就是接著「善建不拔」的語義順下來。

善於建業之後，這個根基雖然不容易被拔起，然而能不能長久呢？這就得靠「守成」。若能好好守成，雖然未必能再造新局，但起碼能長治久安。像現今（2022年）地球的局勢就是如此。　救世主王慈愛和新宇宙神權為我們地球人開闢一條生路，新宇宙中，地球第一任的輪值佛釋迦牟尼佛、彌勒佛，也很期許地球人「能好好地往『生路』走，而莫向死路尋去」，這是相當關鍵的時期。也是相當期許其他地球人能認清這事實。我也期許自己能把該做的事做好。

善於守成，才能不失。

★ 救世主王慈愛2022年7月25開示〈向地球人說明大局〉：

四、神權打天下給地球人坐，地球人，您可坐穩了，黃金千年，我已經在新宇宙神權買好單，若地球人，恣意使用法術，造大業耗盡黃金千年的功德量，可沒有輪值佛，能再幫地球人，在神權的領域，再次完成運行的功德量……。

——節錄於《好運的泉源—把人做好：道德經講義(道篇)》(2022年)，P11。

重點來了，那麼如何才算「善建、善抱」呢？

也就是下一段要說的「修－德」

解讀(54-2) 修之於身，其德乃真；
修之於家，其德乃餘；
修之於鄉，其德乃長；
修之於國，其德乃豐；
修之於天下，其德乃普。

這一整段在對「如何『善建不拔、善抱不失』做一個說明」

善建不拔，是建功立業；善抱不失，是守成持恆。

關於這些，憨山法師說「舉世功名之士，靡不欲建不拔之功，垂不朽之業至皆不能悠久者，以其皆以智力而建之，則有智力過之者，亦可以拔之矣。……以機術而守之，則有機術之尤者，亦可以奪之矣。是皆不善建，不善守者。」

簡單來說，就是：世間人沒有不希望建功立業後，還能長治久安的，但為什麼都不能長久？因為，如果是用智力、權謀去建立功業，那麼一旦出現智力權謀超過自己的，那就可能被拔、被奪。

所以，由這個理路，我們就知道為什麼古代宮廷出現這麼多「宮鬥」的現象，就是「大家想依靠智力、權謀『上位』」。我們也可以知道為什麼古今的領導人往往想控制人們，就是因為他們害怕「這世間出現智謀超過他們的人」。像台灣有個民間故事為「楊本縣敗地理」，就類似於此，編者沒有去查證這件事，您們就參考看看就好。這故事起因，就是清朝嘉慶年間，楊桂森被皇帝派往到台灣巡視，並交待他破壞台灣的風水地理。為什麼呢？就是上面提到的原因：「皇帝害怕出現智謀勝於自己的人」。

說到地理，　救世主王慈開示地理這一象已修正。

★　救世主王慈愛開示：

水晶，礦石等，有各自的能量，氣場。但，得地理之助，這一象，已修正為，有德性的人，居所，就有地理，有祥瑞之氣顯現。

若地方，積德的人多，在公共場域，顯現，例如，南港公園。

——收錄於　救世主王慈愛講述，雲深法明(俗家名:王麻霖)編著：《修行人的導航》(2022年)，P40。

⊙如何達成「善建不拔，善抱不失」？怎麼修？

而老聃認為要達到「善建不拔，善抱不失」的最佳方式，就是「修德」。其實，不論是「合道」或「修德」，其主旨合併起來，就在於「把人做好」。也就是，知道宇宙運行的規律，按照這規律去行，這樣才能「真正把人做好」。因此，「把人做好」，其實意義也很深，不是字面上這麼容易。《佛說天地八陽神咒經》當中有提示：「左丿為真，右乀為正，常行正真，故名為人」。「人」若能做到「正、真」二字，這是值得敬佩的。順道而行，是謂「正」；知道不迷，是謂「真」。[8]

老聃說「修之於身、於家、於鄉、於國、於天下」，這是在說「擴大心量」，一層層擴大，沒辦法急。有句話說「宰相肚裡能撐船」，事實上，不是每個宰相都能肚裡撐船，而是「肚裡能撐船，才是真宰相」。

8　星空穩：《下永恆運行 改朝換代的人生：新地球人文主義》，The Movement of the Lower Enternal Stratum: Life Massively Changes——A New Earth Humanism，台中：白象文化，2018 年8月初版一刷。P141。

救世主就曾提點，在讀過「諸佛問答語錄」（收錄於《一念之間，再回世界末日？》一書），有沒有發現「諸佛問的都是如何治理好一個星球」。

這就是「心量、視野、出發點」的不同，我們一般人想的都是自己好或自己的家好。甚至有一些自私的人，考慮的都是自己好，寧可傷害別人，也不願自己受傷，這就是「私」。譬如《三國演義》中，有句話說「寧可我負天下人，休教天下人負我」，這句話就是「私／自私心態」的表現。

然而，「負了人，是要償還的，不是不用還的。負一個人尚且如此，何況是負天下人？」只顧利益自己，而去傷人，其實這就是「不明了宇宙間『因果和轉生』的真相」。

「真、餘、長、豐、普」這就是在說，真修實行，真正往「順著宇宙運行規律」去努力時，真正「修之於身、於家、於鄉、於國、於天下」，把心量擴大後，由於愈來愈契合宇宙運行規律的緣故，德行自然而然就會「真、餘、長、豐、普」，亦即「擴大」。

解讀(54-3) **故以身觀身，以家觀家，以鄉觀鄉，以國觀國，以天下觀天下。**

吾何以知天下然哉？以此。

這是在講「推己及人、以愛己之心愛人」，意思就是「我們希望自己好，理應也知道：其他人也希望能過得好。我們希望我們的鄉鎮好，理應也知道：其他的鄉鎮也希望他們能過得好……」那麼我們把眼界試圖擺在「道運行天下」的高度，其實「身與身，家與家，鄉與鄉，國與國……」之間的界線，可能就不那麼明顯了。就像太陽，太陽不會說：「噢，你這個國家我不喜歡，我讓你陰暗一些。噢，你這個國家，我讓你陽光普照。」對於太陽本身，祂不會這樣。

但話說回來，人心的祥和與否，的確是會影響天地之氣。在第60章，我們將會看到這個軌跡。

「吾何以知天下然哉？以此。」

老聃說：我如何知曉天下的狀態呢，就是如此。

《金剛經》有一段話很有意思，我們也放在這裡，請大家一併閱讀，看看是否能有所體會。

《金剛經》：

佛告須菩提：「爾所國土中，所有眾生，若干種心，如來悉知。何以故？如來說諸心，皆為非心，是名為心。所以者何？須菩提，過去心不可得，現在心不可得，未來心不可得。」

55. 含德之厚，比於赤子。蜂蠆虺蛇不螫，猛獸不據，攫鳥不搏。
骨弱筋柔而握固。未知牝牡之合而全作，精之至也。
終日號而不嗄，和之至也。知和曰常，知常曰明，益生曰祥。
心使氣曰強。物壯則老，謂之不道，不道早已。

▲ 憨山解：此承上言聖人善建善抱，而不為外物之搖奪者，以其所養之厚也。

第55章，是用「赤子」來譬喻，重點還是在「順道而行」。「赤子」是老聃所使用的重點譬喻，「赤子之心」也是我個人很喜歡的一種狀態，這也是此講義，經由　救世主裁定後，以《赤子之心：老子道德經講義（德篇）》為書名的由來。

解讀(55-1) **含德之厚，比於赤子。蜂蠆虺蛇不螫，猛獸不據，攫鳥不搏。**

■**赤子** 初生的嬰兒

■**蜂蠆虺蛇** 蠆，ㄔㄞˋ，據說是一種毒蟲。

虺 ㄏㄨㄟˇ，據說是一種毒蛇。「蜂蠆虺蛇不螫」也有本子寫作「毒蟲不螫」，意思是相通的。

■**攫鳥** ㄐㄩㄝˊ ㄋㄧㄠˇ，兇猛的鳥。

「一個人，如果德行充沛、圓滿的話，就好像初生的小嬰兒。蜂呀、毒蟲、毒蛇、猛禽呀，都不會去傷害他。」

事實上，這是借用小嬰兒來「譬喻德性圓滿」，所以不用去糾結「蜂蠆虺蛇會不會傷小嬰兒」，告訴您們，還是會的。蚊子，不也常常把小寶寶叮出一顆顆紅豆來？事實上，哪怕是「得道的聖人」轉生來地球，都還是很危險的。不然，耶蘇那時何以被釘上十字架？禪宗六祖惠能祖師，何以得了五祖弘忍傳法後，五祖要他快逃命去？宗教裡，都這個樣子了，不用說是一般世道了。據觀察，目前，簡直可以用「變態」來形容「地球人那些讓人細思極恐的極致行為」。（苦笑）而此處就不再去細究那些了。

總之，這裡是用「赤子」來比喻「含德之厚」。本書書名以「赤子之心」做為意象，其實也就是「尋回赤子之心」的意思。對我而言，這是一種「最最天真、無邪、自然、純樸、沒有人為的機巧造作，完全冥合於道」的意象。

解讀(55-2) **骨弱筋柔而握固。未知牝牡之合而全作，精之至也。**

終日號而不嗄，和之至也。

那麼，為什麼「能用赤子來比喻含德之厚」呢？老子接下來就提出他的說明。

因為「小嬰兒，雖然看似骨頭尚未長實，筋又柔軟，然而卻能握物牢固。他們不知道男女交合之事，而精氣不會漏失，因此精氣飽滿。看似一整日裡，時而嚎哭，時而牙牙學語，但喉嚨也不會因此沙啞。這是『和之至』。」

「和之至」顯然是這裡的關鍵詞彙。憨山法師對此解讀地相當精闢，他說：「以其心本不動，哀傷怨慕之情，乃氣和之至。聖人之心和，亦然。」

這就是提及：「心不動」的功用。

心不動，就是「如如不動」。但是，發現修行人有個狀況，就是有些走「極端路線」的修行人，會把「冷血無情」誤以為是「如如不動」的表徵，其實不是這樣的。

用現代人的話來說，即是「高度理性，不等於沒有溫度。」 我們從 救世主王慈愛那，看到的是「以慈愛，護蒼生；以德服人」的精神。祂難道不是高度理性嗎？祂理性的高度，絕對超乎我們的想像，但是，祂有情有義。據其開示，在祂過去的行誼裡，沒有放棄過祂團隊裡的任何一位成員。所以，新宇宙神權，三大天（一、二、三宇宙）之所以敬服祂、愛戴祂，不是沒有原因的。

「心不動」，指的即是——六祖惠能法師所謂的「外不著境，內不著心」。不著，不執著的意思。

★ 救世主開示：「不停留於一切」。

當我們能夠「外不著境，內不著心」，這就是「心和」。「心和」是修行／修心的重點。為什麼我們人類有這樣多的貪、瞋、痴、慢、疑……種種的煩惱，就是「心不和」，我們對外，迷惑於物質世界，乃至種種現象；對內，又被我們內在的種種煩惱迷惑，所以我們往往不得自在。

小嬰兒，不會如此。小嬰兒沒有這些煩惱，他們「相當接近『心和』的狀態」——單純而真摯。小嬰兒沒有種種「人為的成見（所知障）」，他們比成人更接近自然狀態，也就是——更順應於「道」。

一般而言，我們隨著年紀的成長，隨著社會概念的灌輸，就離「單純而真摯」愈來愈遠。所以，《小王子》的故事，對我們這些「成人」而言，具有一定意義的啟發。我認為，其中最重要的就是那份「單純、真摯、自然」。用「下永恆新宇宙的精神」來詮釋的話，就是「真心、真愛、真性情、真修實鍊、真修實行」。

「下永恆新宇宙的精神」，還有一個是「真修實行」。如果，要我來說，「真修實行的核心」如果是「把人做好」的話，那麼「把人做好的核心」就是「赤子之心」——亦即「真心、真愛、真性情、真修實鍊、真修實行」。

「真心、真愛、真性情、真修實鍊、真修實行」即是「德」，即是「道」的顯象、流露。

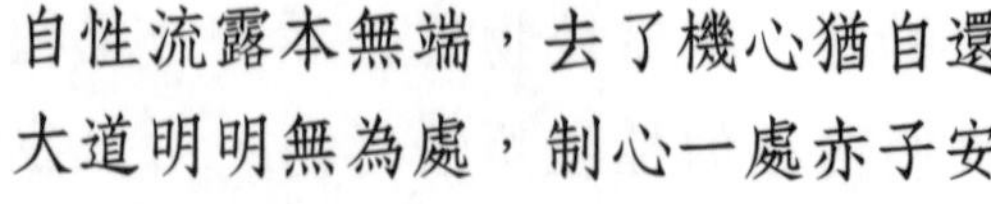
自性流露本無端，去了機心猶自還
大道明明無為處，制心一處赤子安

解讀(55-3)　**知和曰常，知常曰明。**

「知和曰常」

懂得「心和的道理」，能安於「心和的狀態」，這稱作「常」。常，合乎軌道運作，才能「常」。

「知常曰明」

「知」，對於道理能真正理解，這稱作「知」。對於道理，真正理解之後，能夠「落實心性」，這稱作「真知」。

「落實心性」

把道理，真正做到，並內化為心性。這用比較古早的語言來說，或許可與「轉識成智」作一連結。

「知常曰明」

日常生活中，能恆常地「順應宇宙運行的規律」而行事，這稱作「明」。「明」，覺性增長了，靈性／佛性開展了，神性激活了，能量提升了，頻率提高了，維度揚升了……這是「明」。簡單來說，由於上述這些狀態提升，所以真正是「開始發光發熱了」。

「明」，另一個解讀，是「明白」，也就是「開始活得明白了，不會不清不楚了。」您們看，我們很多人活到一把年紀，還是不明不白。成人的世界，有很多時候還不如故事裡的小王子看得透徹。

解讀(55-4) 益生曰祥，心使氣曰強。

「益生曰祥，心使氣曰強」

這段話，有兩個迥然不同方向的解讀。但，兩則解讀，應該都是解得通的。我們把這兩種解讀都看一下。

■「益生曰祥」

A. 憨山法師說：「苟不知真常之性，徒知形之可養，而以嗜欲口腹以益生。殊不知生反為其戕，性反為其傷。故曰益生曰祥。祥，妖也。言益生反為生之害也。」

簡單來說，就是「如果我們不對『什麼是真常之性』加以認知，只知道滋養這個身體，貪圖口腹之欲來養生。而不知這般滋養身體，反而阻礙靈性的成長。所以說，「如此的益生（滋養身體）」反而是「生（靈性成長／佛性覺悟／神性激活）」的阻礙。」

如此，「益生」是指「滋養身體」。「祥」在這裡「不是吉祥的祥」，而是指「妖」。「妖」在這裡的意思，傾向於「怪異，非正」，用佛家語

來說，應該可以對應到「顛倒」這個詞。

B. 另一個解讀。「益生」，何謂「益生」？　使世間平安，得以長久。「祥」，吉祥。

如何才能「益生」？順道——順應於宇宙運行的規律而行。在此，也就好比本章開頭所言的「含德之厚，比如赤子」。而「赤子心和，乃能益生」，像赤子一般，回到宇宙運行的正軌上去走，不要再用機心、智巧，不要再依著私心，或貪、瞋、痴的心來處世。世間已經很亂了，地球人吶，趕緊復歸到那「真摯純善的赤子之心」，這樣世間（地球）才能長治久安，才不會覆滅，才能平安吉祥。

■「心使氣曰強」

A. 憨山法師說：「心不平，則妄動而使氣，氣散則精竭，精竭則形枯。故曰心使氣曰強。強，木之枯槁也。」在這個解讀中，是指「心妄動，而使氣妄作，氣因此散失，而精（能量）耗失，而導致形體枯槁。」因此，「心使氣曰強」簡單來說，就是「妄念，使得精氣神耗弱，而最終導致形體衰竭。」

B.另一個解讀。「心使氣」，順著宇宙運行的規律走，就能「心使氣」。怎麼理解呢？

心（神）是根本，氣與精隨之而「或和、或漏」，身體能量飽足，就能「和」，譬如前頭說的「心和」。「外不著境，內不著心」，這就是「心和」。當我們能把自身能量守住，不隨便失去的時候，人就會健康。能量散失，就是「漏」。

佛家談「漏」這個詞，相當有智慧。佛家說「漏」是「煩惱」。斷除煩惱，稱作「漏盡」，也就是「沒有煩惱」的意思。這是用「斷除」來形容，另外也有用「轉變」來形容，也就是所謂的「轉煩惱為菩提」。

★ 救世主王慈愛：

……源自心靈深處的苦？

其實，事情沒有絕對的好或不好，端看事情的人的心境。

往好的想，就往正能量的方向走。

往壞處想，就往負能量的方向走。
端看個人的選擇。
——《修行人的導航》(2022年)，P63。

這就是在講「轉煩惱為菩提」。而「煩惱轉化成為菩提」了，那也就彷佛「煩惱斷除」了。

有些人會在「到底是斷煩惱呢？還是轉煩惱呢？」這兩個狀態裡討論。其實，只是從不同的角度說。當我們在思慮「到底是斷煩惱呢？還是轉煩惱呢？」，其實也「正在煩惱當中」。有煩惱，這個煩惱的狀態，就讓我們不能夠「心和」，這是由於我們已經「外著境，內著心」的緣故。

所以，「**心使氣曰強**」，心是根本，先回到「心和」的狀態，「心和」之後，自然而然能夠「氣和」。舉個例子，譬如我們生氣發怒，心就不和了。心不和，我們呼吸啊、情緒啊，就會變得急促、急躁起來，講話也變得大聲，可能就跟人吵起架來。

但是，如果能「心和」，保持內在的安穩、心靈的和諧，這樣我們的講話、聲調，就會柔和，我們身體內不會產生瞋恚的毒素。類似這樣的狀況，稱為「心使氣」。

「心使氣」，也就是——由「心和」自然而然引領「氣和」，這就是「強」。「勝己曰強」，亦及《道德經》第33章的「勝人者有力，自勝者強。」

益生之道，不在練氣，而在修心，也就是本章一開始所說的「含德之厚」。不論是把「益生」，解作「滋養身體／養生」或「使世間平安，得以長久」，其根本都在於「含德之厚」，而理路在於「心使氣」——心是根本。

倘若能以「善心善行、正心正念、無所求、無所畏」為出發點，行作利他行，而又不邀功，自然而然，就能積功累德。功德量到每一階的門檻，並通過宇宙的考試，就往上晉階。這就是「宇宙運行的規律」之一。

像之前，有一位老闆，功德量到了一定程度，　救世主說該位老闆的中脈通了。那位老闆也沒練氣，為什麼他的中脈通了？功德量。所以，前面提到「順著宇宙運行的規律走，就能『心使氣』」，要這樣理解也行。

所以，心念很重要，一般情況，人們都會著重在「用意念／心念來引導氣的運行」，這不是「心使氣」的真意，這樣一不小心會走向練氣之途。

「心使氣的真意」在於「心和」，也就是心能領悟宇宙運行的規律，然後順著這個「真理」，把人做好。

然後，雖然「功德量」在神權晉階當中，是很重要的依據。但是，「無私、無我、不爭……」等「德性」才是核心，才是基石。雖有功德量，但心性還未穩固，還未真正「落實心性」，就很容易卡在一個狀態，無法再晉階，或者一遇到宇宙考試，一考就倒了。比較方便理解的例子，譬如人們會說的「火燒功德林」。

所以，在　救世主王慈愛和　新宇宙神權的開示下，漸漸地體會到宇宙運行的規律。

簡言之：我們轉生，不論是到哪一個星球，都是在學習。學習付出，並讓自己的靈性提升。靈性要提升，基本上有兩個重點：一是「落實心性」，二是「功德量」。「落實心性」是根本，是基礎。而隨順因緣，發揮長才，行作利他行，以創造（累積）功德量。功德量到「各位階的門檻」，通過上天（宇宙）的考核，就晉階。而「落實心性」在這當中，起到相當重要的作用。但若是「貪圖功德量」也是不ＯＫ。

在有形的世界裡，行作「利他行」，創造功德量。在無形的世界裡，善用功德量回向，與冤親債主「解冤釋結，永不糾葛」，或是協助世界更美好。

現下，有些人會自稱他們是「實修」，我也沒去探討他們所謂的「實修」，或許將來有因緣，雲深也可以了解一下。至於，上面這些，是從　救世主王慈愛的開示中，學習而來的「實地操作」，是個人目前所理解的「實修」。提供給大家參考。

救世主曾說：「有目的，那那件事就不美了。」

釋迦牟尼佛所說的「三輪體空」，講的是「不要執著誰佈施，佈施的物是什麼，是誰接受佈施」。換個用詞，祂老人家的意思就是「不要執著我在付出、付出什麼，以及誰因此蒙受利益？」回到「沒有目的（自己沒有想從中獲得什麼好處）」的單純狀態。

《金剛經》：

「須菩提！於意云何？汝等勿謂如來作是念：『我當度眾生。』
須菩提！莫作是念。何以故？
實無有眾生如來度者，若有眾生如來度者，如來即有我人眾生壽者。
須菩提！如來說：『有我者，即非有我，而凡夫之人以為有我。』

須菩提！凡夫者，如來說即非凡夫，是名凡夫。」

因此，重點在於「落實心性」與「功德量」，而又以「落實心性」最重要，真心利他行，不邀功，無所求。至於「功德量」，宇宙會核算，不用我們操心。氣啊，神通啊，都不是重點。身體尚且會消亡，練氣豈會成就？神通不抵業力，又何必追求神通呢？

解讀(55-5) 物壯則老，謂之不道，不道早已。

萬事萬物，到了頂峰，除非一直保持在頂峰，否則就是開始往下。譬如國家鼎盛之後，若不能守成持平，乃至突破，那就是走向覆亡的開始。地球前幾次文明就是如此，強盛之後，人心墮落，在「科技」與「心靈」之間未能並進，只偏重於強盛科技。由於，人心墮落，不能順道而行，因此遭受滅亡的結局。舊宇宙也是如此，由於沒有真正順著道走，最終也導致滅亡，這稱作「不道早已」，「已」就是「盡」或「衰竭」。「不道早已」，順道者昌，逆道者亡。不能順道而行，就無法長久，反而會加速滅亡。

關於第55章，憨山法師最後做了一段註解，他說：「此老氏修養功夫，源頭蓋出於此。而後之學者，不知其本。妄攜多方傍門異術，失老氏之指多矣。」這講得很準確，在此列出，讓大家參考。

56. 知者不言，言者不知。

塞其兌，閉其門，挫其銳，解其紛，和其光，同其塵，是謂玄同。

故不可得而親，不可得而踈；不可得而利，不可得而害；不可得而貴，不可得而賤。故為天下貴。

▲ 憨山解：此言聖人所以為天下貴者，以其善得所養，妙契忘言，而能與道玄同也。

解讀(56-1) 知者不言，言者不知。

「知者不言，言者不知。」

似乎有的人會解讀成「知道的人，不說；說的人，不知道。」那麼，古聖先賢苦口婆心地勸我們，難道他們屬於言者不知？

所以，「知者不言，言者不知」可以解讀為：「知道的人，本身就是把所知，落實於心行。他們不會一直想要去辯論什麼，尤其是對不理解的人。」我們看有一類型的修行人話很少，當然不是話少，就一定等於

修行好。但有一類是「話很少，而且是修行蠻好的修行人」，他們不太喜歡多話，因為要講的話，都已經講圓滿了，因而不須要再「強說」什麼了。

像　《一念之間，再回世界末日？》一書中，〈救世主與出家人問答語錄〉的最後一則提問。救世主沒有特別回答，原因就是，祂該說的，都說了。從　救世主王慈愛親著的《2019：預言到兌現》，裡頭有修行心法。接著，祂指示要編輯《修行人的導航》及《一念之間，再回世界末日？》，裡頭都是修行的心要。根據救世主王慈愛的開示，祂說這是　大日如來請託的，用意是要留給未來地球的修行人，有個修行依據。

看得懂的人，知道這是寶；看不懂的人，覺得這怎麼講得這麼簡單。真的就如老聃所描繪的景象：「上士聞道，勤而行之；中士聞道，若存若亡；下士聞道，大笑之。」

一點兒也不誇張，某次，有一位老修行人稍微翻了一下《修行人的導航》，然後一邊翻著書，一邊對我說：「知足，感恩，這些都很好。你可以再多讀一點書，整理出來的，就不只是這樣。……」當然，這意思就是「他覺得太簡單了，不符合他所認知的修行」。這就是現代人對於修行的盲點——好像總得讀過好多好多的書，才能開始修行。其實不是這樣的。重點不在於

「是不是讀過好多書」，也不在於「要講得多深奧」。

重點在於「您看的書，裡面有沒有修行／修心的重點？」，「這些重點是不是順應宇宙運行的規律？能不能真正帶領我們在修行領域上，走出一條康莊大道？」這些，才是「重點」。

譬如您要用洗衣機洗衣服，難道您還真得把說明書拿來，從頭到尾一字不漏地看過，您才知道怎麼洗衣服，才能開始洗衣服。應該不必如此吧？應該只要先了解「基本的操作步驟和注意事項」，或者有人告知一下如何操作，就能開始洗衣服了吧？

因此，「**知者不言，言者不知**」在上述脈絡裡，就會側重於「知與執行」。是「知」，而不是「研究」，發現一些真正實修上來的，祂們往往具有「直觀的能力」，這是「超乎感性和理性」，既不是靠情緒抒發，也不是依邏輯推理，而是「直觀」。我個人還沒體會到這個，但這有點像是「祂們直接觀察到，事物的本質與真相」。所以，我們也不用去揣想，把人做好，提升心靈層次，等我們到達那個狀態，自然就會了解那是什麼境況。否則，很容易都變成是一種揣想或理論推演。

另外，「**知者不言，言者不知**」有第二層意思，這與斷句方式有關。如果是「知者，不言；言者，不

知。」那麼，就會有不同解讀。

知道的人，就不用再一直要去對他說什麼。為什麼呢？他已經了解道理了，那麼接下來只有一件事，就是執行，亦即「落實心性」。因此，「言者」——即「須要對他解說的人」。是什麼人？是「尚不知道的人」。但也不是一直要去對人說什麼，「有緣的人」才說。「有緣的人」，即「雖然不一定能理解、接受，但至少不會因此起煩惱的人。」

解讀(56-2) **塞其兌，閉其門，挫其銳，解其紛，和其光，同其塵，是謂玄同。**

「塞其兌，閉其門」，在第52章已經說過了。請翻回參照。

「挫其銳，解其紛」，請參照第4章之「挫其銳，解其紛，和其光，同其塵。湛兮似或存」。

此外，為什麼「要挫其銳」？就是因為「揣而銳之，不可長保」（第9章），就彷彿一件尖銳的物品，我們很難一直把它揣在懷裡不放。此點對我們的啟發是：言語柔和、處世圓融（不是圓滑）、內心不偏激。

這點編者很慚愧，自己做得還不好，以前　救世主曾指出我的盲點，祂說「像刺蝟一樣」。「有時太過犀利」這就是我需要調整的地方，如果在文中，不小心也過於犀利，讓讀者看了不舒服，向各位致歉。

「玄同」，我們不妨解作「冥合於道」。從「塞其兌，閉其門」，「挫其銳，解其紛」到「和其光，同其塵」，我們可以看到其中的重點均在於「內修」。

我們再簡單順過一下這一段的語義：

收攝口舌，不亂說話，不貪於食。收斂對外攀緣的心。將尖銳而易傷人傷己的言語或態度，打磨得圓融，不偏激。在塵世當中，沒有要特別張揚什麼，也沒有要因此降低自己的維度去迎合什麼，不卑不亢，處於中道。這可稱作「冥合於道——順著宇宙運行的規律行事」。

解讀(56-3) **故不可得而親，不可得而疏；**
不可得而利，不可得而害；
不可得而貴，不可得而賤。故為天下貴。

由於「不可得」而「超之物外」，故無「親疏、利害、貴賤」，因此，是天下最尊貴的。

意指「不自貴，而貴」，一個人的成功，不是由自

己標榜而得。一般而言，「世俗定義的成功」，與「修行領域的成功」方向是不一樣的。

譬如第9章的「金玉滿堂，莫之能守」就是很好的說明。「金玉滿堂」是世人想要的、希求的；但道人認為「莫之能守」。這不是說修行人就不能持有金錢，而是說「要認清金錢的本質，不要被它迷住了。」當看到《2019：預言到兑現》，我們可以發現：宇宙間還是有所謂的「公庫」，所以無形界也是有一套運行的規則。而新、舊宇宙差別在哪裡？其中一項，即為　救世主王慈愛開示的——新宇宙，由執法機器人執法，執法機器人不收錢，錢，指燒金紙。

想表達有兩點：

(1) 金玉滿堂，這是隨緣，但是「莫之能守」卻是我們要去理解的。而內心能練習「不執著於金錢」，真正不被它所束縛，還能善用它，這才是我們所應當學習的心態。

(2) 雖然，剛剛提到「以現今來說，『世俗定義的成功』與『修行領域的成功』方向不一樣」。但這是我們把『世俗生活』與『修行領域』分開了。很期待，有一天「我們的生活是與修行領域融合一塊的」，這個意思不是要大家非得每天跑宗教機構不可，而是「終於，大家都理解到什麼是修行／修心，終於體認到人生的真義了，人人都能在日常生活裡，真正加以練習、操作了。」這也就是本書自序中，所謂的「真正意義上的家家觀世音，戶戶阿彌陀」的理念。但，距離這個理念的達成，我想，大家還有好一段路要走。

57. 以正治國，以奇用兵，以無事取天下。吾何以知其然哉？

以此：天下多忌諱，而民彌貧；

民多利器，國家滋昏；人多伎巧，奇物滋起；法令滋彰，盜賊多有。

故聖人云：我無為，而民自化；我好靜，而民自正；我無事，而民自富；我無欲，而民自樸。

▲憨山解：此言治天下國家者，當以清淨無欲為正，而不可用奇巧以誘明也。

這裡，還是一則譬喻。以下我們來看看這則譬喻說什麼。

解讀(57-1) 以正治國，以奇用兵，以無事取天下。

「治國、用兵、取天下」三者是不一樣的訴求。因此，老聃認為：

「治國」，應以「正」——常軌。

「用兵」，應以「奇」——對方猜測不到，這叫作「奇」。

「取天下」，應以「無事」——順應於道，自然運行，稱作「無事」。

這種的譬喻方式，先講了一個「正」，再講一個「奇」（正的反面），就好像，講了一個「右」，再講一個「左」，最後跟你說「不著兩邊，還歸中道」。（彷彿有點「空、假、中，三觀」的味道？）

解讀(57-2)

吾何以知其然哉？以此：
天下多忌諱，而民彌貧；民多利器，國家滋昏；
人多伎巧，奇物滋起；法令滋彰，盜賊多有。

接著，老子說：我如何得知上述這些情況呢？就是以底下這些作為觀察。

A.「天下多忌諱，而民彌貧」

憨山法師註解：「忌諱，利器，技巧，法令，皆有事也。……忌，禁不敢作。諱，謂不敢言。」

「多忌諱」，指的是「防禁（防備禁戒）」，用現代的話來形容，或可指向「繁複多變的政策、規章」。這點與等一下會看到的「法令滋彰，盜賊多有」，意思雷同。

何以「政策多變繁瑣」，會導致「百姓更加貧窮」呢？因為，人們有時會因此「手足無措」，不知如何是好。

B.「民多利器，國家滋昏」　這裡，「利器」，與第36章「國之利器不可以示人」的「利器」不同。

第36章「國之利器」的「利器」指「柔順於道而行」。

第57章「民多利器」的「利器」指「保衛自身的器具」。

人民為什麼積畜利器呢？因為，國家昏亂，不得不保護自己。像以前，或者純樸的鄉下，真的是能「夜不

閉戶」。現代社會不大容易。譬如住公寓，出門幾乎都會鎖門，很少有不鎖門的。這個門鎖，其實也是「利器」的一種。「利器」——在此可指向「保護自己的工具」。

C.「人多伎巧，奇物滋起」　人們的想法多了，想要的東西也多了，對於感官刺激的要求也多了。

不說別的，光說「吃的」就好。食物五花八門，各種調味，不斷地推陳出新⋯⋯。何以如此？「人多伎巧」，人的念頭多了，貪圖的東西多了，生活複雜了。

又譬如前陣子，我看到有一種東西叫作「抒壓小物」，大概是辦公室工作無聊、往往成天坐著、有時還得被主管唸、業績壓力、工作不順心⋯⋯有壓力，就有人創造／顯化出「抒壓小物」這類的物品。這也是「人多伎巧」的一種情況。

而「生活」其實，也可以簡單而幸福。夏丏尊在〈生活的藝術〉敘寫了弘一法師的生活品味：「在他，世間竟沒有不好的東西，一切都好，小旅館好，統艙好，掛褡好，粉破的蓆子好，破舊的手巾好，白菜好，萊菔好，咸苦的蔬菜好，跑路好，什麼都有味，什麼都了不得。」

Why？為什麼弘一法師能夠「過得如此簡單，卻又怡然自得」？這實在值得我們品味。

救世主王慈愛開示：弘一法師的生活品味，是隨遇而安的展現。

延伸思考

Q.「人多伎巧」在本章，偏向於負向的含義。
那麼，「避免人多伎巧」等於「不能有創意」嗎？

Q.「避免人多伎巧」會不會淪為「守舊」？

Q.「守舊」與「守樸」是一樣的意思嗎？

Q.「創意／創新」與「避免淪為人多伎巧」之間，如何拿捏。

D.「法令滋彰，盜賊多有」

法令一條接著一條制定，愈來愈多，為什麼？世道亂了嘛。當初釋迦牟尼佛在十二年中只為無事僧制定了略教誡偈。

善護於口言，身莫作諸惡，

自淨其志意，此三業道淨，
能得如是行，是大仙人道。

「無事僧」，就是指「大家都安守於道，沒有犯什麼過失」，所以單是一首簡單的偈，大家就能安分守己地，圓滿自己此生的修行領域。但後來的人，習氣毛病顯現，所以釋迦牟尼佛就「隨犯隨制」，隨著所犯的事項，開始制定因應的規矩，也就是出家修行人的戒律。在此，就不討論出家人的戒律了，只是借以說明「法令滋彰，盜賊多有」這個概念。

「法令滋彰」，諸多法令不斷增加或制定。「盜賊多有」有兩層意思：

a. 表示「由於法令的增加，犯法、鑽漏洞的人也隨之增加。」

b. 表示「法令滋彰，是因為盜賊多有的緣故。」

在這種社會現況下，我們也不得不考慮「禮崩樂壞」這個前車之鑑。到底什麼才是對現代人最最有幫助的呢？尤其，以地球現今的局勢，還在「黃金千年」與「世界末日」之間擺盪的變局當中。我有時也思索著這個問題，但我所能做的，目前也只有依照　救世主的指示，整理這些資料，與大家分享罷了。

至於，「什麼才是對現代人最最有幫助的呢？」

印象中， 救世主王慈愛，曾提過「讓大家了解因果」。

其實，「順道者昌，逆道者亡」，這就是因果的概念。

而什麼是「順道」？——亦即「順著宇宙運行的規律而行」。這點，早在二千多年前，老子也曾試圖提醒我們。

總歸「天下多忌諱、民多利器、人多伎巧、法令滋彰」這四項，就是一個成因——人心變複雜了。

解讀(57-3) 故聖人云：

我無為，而民自化；我好靜，而民自正；
我無事，而民自富；我無欲，而民自樸。

「無為、好靜、無事、無欲」在這裡，均指向「順道而行」。

但，值得注意的是，這裡的「我」，不宜解作「聖人本人」。為什麼呢？在這裡，如果把「我」解作「聖人」，那麼「老聃」也是「聖人」，如此一來，祂老人家已經「無為、好靜、無事、無欲」，人民應該會「自化、自正、自富、自樸」才對。但事實上，並未如此。

因此，這裡的「我」，應該是指向「各自的『我』」。而「民」，應該是指向「普遍的世人」。何謂「各自的『我』」？也就是「每一位人民、百姓的心」

所以，這段話，祂老人家的意思，應該是：**當協助大家理解「依道而行」這個理念，與「其中所蘊含的因果概念」之後。則自然會：**

● **（我無為，而民自化）** 人心朝向「無為不爭」調整，那麼世人就能自己教化自己了。

● **（我好靜，而民自正）** 人心朝向「清靜不妄動」調整，那麼世人就能自己端正自己了。

● **（我無事，而民自富）** 人心朝向「不貪、無希求之事」調整，那麼世人，不論是物質生活或內心，就會知止知足，而感到豐足。

● **（我無欲，而民自樸）** 人心朝向「無欲」調整，那麼世人就能自己回歸到樸實之道。譬如佛家認為「五欲」為「財、色、名、食、睡」，也有說是「色、聲、香、味、觸」。總之，當我們每個人的意念，都願意開始練習在這些項目上淡泊，那麼世人自然而然會往簡樸、樸實的方向趨動。

小結這一段的重點在於：
協助大家理解「依道而行」這個理念，
以及「其中所蘊含的因果概念」。

58. 其政悶悶，其民醇醇；其政察察，其民缺缺。
禍兮福之所倚，福兮禍之所伏。孰知其極？其無正耶？
正復為奇，善復為妖。人之迷，其日固久。
是以聖人方而不割，廉而不劌，直而不肆，光而不燿。

▲ 憨山解：此詳言上章有為之害，而示之以無為之方也。

解讀(58-1) 其政悶悶，其民醇醇；其政察察，其民缺缺。

■悶悶：無知的樣子。
■醇醇：敦厚樸實的樣子
■察察：明瞭的意思。在這裡，解作「窺伺」可能會比較好理解。
■缺缺：多憂

這段，整段一起解釋就可以。

字面上的意思，是拿國政、執政為喻。為政者，看似無知，人民就能敦厚樸實地過日子。但如果，為政者經常「窺伺」百姓。這裡「窺伺」，是指「經常地想要抓百姓犯什麼法」，那麼就會造成人民生活地憂慮不安。現今局勢，很明顯有些國家就是「**其政察察，其民缺缺**」的例證。若是人民活在高壓統制底下，動輒得咎，而一不小心就得被人間蒸發，如此生活，人民往往就會過得很憂慮不安。

解讀(58-2) **禍兮福之所倚，福兮禍之所伏。**

「災禍，是福分之所以依憑的；而福分呀，也潛藏著災禍的因子在裡頭。」

這是在講「禍福之間，相互依憑」。譬如，「危機，也可能是新局面開展的前奏」，「黑暗盡後，便是黎明」，「柳暗花明又一村」……。**然而重點在於：「如何看待、渡過這些黑暗時期？」這才是關鍵。**

其中，「選擇」，就起到這個關鍵作用。宇宙間，有一個原則稱作「自由意志」，簡單地來說，就是「選擇權」。「選擇善，還是惡」，「選擇順道or逆道」，這是各人自己的選擇，但是，也因此而「各自受報」。

「受報」，簡單地說，就是「對於各人的選擇，各自要去承受後果。」

救世主很慈悲地提醒：「佛幫不了你，魔也幫不了你，正心正念才幫得了你。」

我想：這句話應該已經道破宇宙玄機。其實說到底，還是各人的一念心。是善良的心念，還是害人的心念，這是各自的選擇，但是，請看清楚一個原則——「雖然各人有自由意思，有選擇權，然而選擇之後，得自己去承擔後果。」

因此，　救世主之所以會殷切地提點「把心管好最重要。」這實在有深意在裡頭。

「**禍兮福之所倚，福兮禍之所伏。**」這句話，常常聽到，在此謹以　救世主王慈愛的一段開示做總結。

★ 救世主王慈愛：

未來都是未知，光明磊落的心去面對。
心想為大家做什麼，就一定會找到出路。

——《修行人的導航》，P89。

解讀(58-3) **孰知其極，其無正耶？正復為奇，善復為妖。人之迷，其日固久。**

這一段其實就是在講述「世人顛倒，似假為真，以妄為實」的情形。

■「**孰知其極**」　誰能知道最究竟的真相呢？在這世間「孰黑孰白，孰正孰邪，又有幾人能看清呢？」我們一般人往往都看不清真相。要當一位「人間清醒」的人，也是需要洞察力和勇氣的。

■「**其無正耶**」　現在，人們都已經顛倒痴迷，未合正道了。

■「**正復為奇，善復為妖。**」　因此，「合乎正道、合於真相」反而被視為是奇詭、不尋常；「善良」反而被視作怪異。

■「**人之迷，其日固久。**」　人的迷惑，已經不是一天兩天的事了。

看得出來，這段有點感慨的意味在裡面。

解讀(58-4) **是以聖人方而不割，廉而不劌，直而不肆，光而不耀。**

這段在說：這些合道的人，處在這個世間，低調才能保身。祂們保身，跟我們的保身，不大一樣。祂們的保身，不是貪愛身體，而是還有工作要完成。而另一方面，也再次看到地球人讓人細思極恐的一面。

為什麼「得道者」在這個世間，反而往往被視為要拔除的對象，荒謬的是：加害祂們的，有時反而是「自詡為宗教人士」的人。迫使禪宗六祖惠能法師逃難的是何人？是他的同參道友。耶蘇被誰釘上十字架？除了當時羅馬政府以外，那時的宗教領導階層亦難脫干係（約翰十一：45-50）。當然，僅憑耶蘇和惠能法師兩個例子，難以完全說明什麼。然而，總是希望，我們地球人「都能學會尊重這些得道者」，不要去傷害這些來幫助我們的人。

■「**是以聖人方而不割**」　憨山註：「割，謂割截，乃鋒稜太露也。」　內心方正，但顯於外在，卻不會因此而鋒利割人。割，在此的意思，若用現代的形容詞來理解，如犀利、刺蝟等。

■「**廉而不劌**」　憨山註：「劌，謂刻削太甚也。」清廉、廉明，但不會因此苛刻待人。

劌：ㄍㄨㄟˋ，傷、割。

■「**直而不肆**」　憨山註：「肆，謂任意無忌也。」雖說「直心是道場」，然而「直心」卻「也不是口無遮攔」。「真性情」是「下永恆新宇宙」中的一項精神指標，然而如何能「直而不肆、進退得宜」，也是需要我們自己多加拿捏。但，「以善心為出發點，不傷人」總是基本原則。

■「**光而不耀**」　憨山註：「耀，謂衒耀己見也。」

以上這些，這個還是得自己謹慎，並保持內省了。而人們其實也宜學習「隨喜」的精神。看到有人發光發熱，願意去照亮世界，我們隨喜，也勉勵自己學習這份善心。大家都發光發熱，大家都成為光之燈塔，那麼世間不就光亮起來。

如果，看到別人發光發亮，心裡就不舒服，不能隨喜，這樣世間就不會好。所以，這就是格局，就是學習顧全大局，以大局為重。如果一個人只在意自己，那很容易把自己拿來和其他人比較，就容易去在意「究竟是別人比我亮，還是我比別人亮」。然而，事實是「人外有人，天外有天，且各有專才，各有強項，無須比，也比不完的。」

然而，若能把眼光放在「希望大家好」，那麼當有人「願意成為光之燈塔時」，我們要能隨喜。一位修行人，修得好，的確是能福蔭那個地方的，像　救世主就照顧了地球。那我們「不要去傷害」這些「修得好的修行人」，就像我們在大樹下乘涼，很幸福，那我們不但不要去砍斷這大樹，反而更要加以保護。一樣的道理，我們生活在這地球上，也不要去傷害地球，而要去保護祂。

因此，「不耀」在此，除了「不衒耀己見」的意思之外，更指向「不驕慢」。但隱含的意思，也是期許我們能學習「隨喜」，對於「這些光之燈塔」不要起傷害他們的念頭。

59. 治人事天莫若嗇。

夫唯嗇，是謂早服；

早服謂之重積德；重積德則無不克；

無不克則莫知其極；莫知其極，可以有國；

有國之母，可以長久；是謂深根固柢，長生久視之道。

▲ 憨山解：此言聖人離欲復性，以為外王內聖之道也。

解讀(59-1) 治人、事天，莫若嗇。

很有趣，在這裡我們看到「語境的不同」。

「嗇」，在現今，往往被視為「負面的意思（貶義）」。「吝嗇」在現今給人一種「小器不大方」的聯想。然而，我們看，在老子的觀點裡「**治人、事天，莫若嗇**」，如此看來，這樣的「嗇」是一種好事呢。所以，透過此處「語境的不同」，我們可以得知「詞語，的確是『形容詞』，我們得看見這些形容詞真正要表達的意思，而不要因此被它繫縛。」早年，我也一直不懂什麼叫作「文字障」，後來，感恩佛菩薩加被，好像稍微「沒有被文字繫縛地那般嚴重了」。合乎真理的詞句，的確可以引領我們方向，但是過於執著字句，有點兒顯得一板一眼。然而，要如何用現代人理解的詞彙精準地解讀、說明一個詞句／概念，的確是一種考驗。感恩　新宇宙神權加被。

回過頭來，我們看看憨山法師如何說明這一段。憨山解：「嗇，有而不用之意。老子所言人天，莊子解之甚明，如曰『不以人害天，不以物傷性。』蓋人，指物欲，天指性德也。」

憨山法師這段話，重點在兩個地方：(1)「嗇，有而不用之意。」 (2) 他引莊子「不以人害天，不以物傷性」來說明。

我們直接解讀。

(1)「嗇，有而不用之意。」

「嗇」，在此作「儉省」，引申為「知足、知止」，其背後蘊含的意思是「不求、無欲」。無欲，即不貪。所以，整個意思貫通下來，其實，「治人、事天，莫若嗇」重點也是在「順道而行」。因此，我們這樣一篇一篇讀下來，至此，愈發愈明瞭老子《道德經》的旨意，就在「順道而行，把人做好」八字。只是祂老人家很慈悲，擔心我們聽不懂，所以試圖「用不同的方式、譬喻」加以說明。

(2)「不以人害天，不以物傷性」

承著 (1) 而來，「不以人害天，不以物傷性」的意思，也是要我們「順著宇宙規律而行」。這裡，憨山法師認為：「人」，指的是「物欲」；而「天」指「性德」也。可知憨山法師是把「不以人害天」與「不以物傷性」對照起來解讀。

因此，憨山法師認為：「嗇，即復性工夫也。」

統合上面兩項，我們不妨把「嗇」解讀為「收攝妄心」。

這整段，轉化為現代人的語言就是：「不要因為轉生之後，因為對物質世界的沈迷，而忘失了美好的心靈與德性。」

解讀(59-2) **夫唯嗇，是謂早復；**
早復謂之重積德；重積德則無不克；
無不克則莫知其極；莫知其極，可以有國；
有國之母，可以長久；是謂深根固柢，長生久視之道。

這一整段，就是以「嗇」為出發點／主軸，一層一層說明它的作用。而最終告知我們「這就是長生久視之道」。

此段層次：【嗇→早復→重積德→無不克→莫知其極→可以有國→有國之母可以長久→根深固蒂，長生久視】

「**早復**」　「嗇－收攝妄心」既然是「復性工夫」，那麼「心猿既安」，心意不往外攀，這就是定。但，一般人會把「不往外攀」視為「不看、不聽、不聞」。我們看日本，有一個造型是三隻猴子，一位用手遮住眼睛，一位遮住耳朵，一位遮住嘴巴，代表「勿視、勿聽、勿言」。其實，這就有點「不向外攀」的意味。但是，「不看、不聽、不聞」不是叫我們不要看，不要聽，不要聞，不然何以要生我們這五官呢？所以，「不看、不聽、不聞——不向外攀」的真正意思是「不要執著」。

我們很容易「看到什麼、聽到什麼……」之後，就開始「往心裡去」，接著就開始「執持不放」，而更引發種種「煩惱」。

所以，「嗇－收攝妄心」，把這個問題的根源找出來，哎呀，原來就是我們的妄心作祟，練習把這妄心收攝回來，那其餘問題，就隨之消弭。

因此，「**早復**」，憨山法師解得很好：「此復字，是復卦不遠復之意。言其速也。」也就是說，要消弭自身的諸多問題，乃至地球上的諸多問題，沒有什麼比「嗇－收攝妄心」還來得快速的了。什麼理由？因為「妄心」是「諸多問題的『因』」，而「諸多問題、煩惱」是「妄心的『果』」。

所以，您說老子沒有談到「因果」嗎？ 有呀，只是祂沒有用「因果」這兩個字加以說明而已。

重點抓到，也就可以了。這整段，我們就順著文，解讀一下也就成。

■「夫唯嗇，是謂早復；早復謂之重積德」

要解決「世間諸多問題、煩惱」，沒有比「嗇－收攝妄心」來得更快速的了。能夠快速地回復性真（或說是「與累世修行接軌」），而「能以無所求的心，順應自然之道」，這就是「重積德」。也就是沒有刻意要成就，但自自然然地成就。為什麼？水到渠成的緣故。所以憨山法師註中有云：「莊子曰：『賊莫大於德有心。然有心之德施於外，故輕而不厚。』」

所以，何謂「無心之德」？

即　救世主王慈愛開示的「有目的，那那件事就不美了。」

因此，「有目的——想要得到什麼」，這個雖然也是「修德」，但是「輕而不厚」。而「有目標、有方向，但沒有想要求得什麼」地「修德」，這是「重積德」。

⊙「有目的」VS.「有目標、有方向」

可能會有人疑惑：「有目的」和「有目標、有方向」有什麼不一樣？

「有目的——想要得到什麼」，譬如：知道功德量是宇宙中重要的評判，所以，以想要「求得功德量的心」或者「以想要提升位階的心態」在做事，這都是有目的，有所求。這是「輕而不厚」

「有目標、有方向，但沒有想要求得什麼」譬如：知道功德量很重要，但是在付出時，也沒有刻意想說「有功德量，沒功德量」，不去考慮這些問題，只是單純地付出，單純地希望他人好。這是「重積德」。

「厚、重」與「輕而不厚」在此，或許解讀為「踏實」與「不踏實」會來得貼切些。

■重積德則無不克；無不克則莫知其極

能夠無所畏、無所求地為大方向付出，那就沒有什麼能真的阻礙到祂的了。**就像　救世主王慈愛開示**

的「**我無私，力量亦無窮**」。

其實，過程中會不會有阻礙？有。但為什麼不能真的阻礙到祂？因為祂懂得宇宙運行的規律，能夠以智慧、善巧化開阻礙（譬如以功德量化開阻礙……）。

因此，「莫知其極」。什麼是「莫知其極」？

「以慈愛為基，心量廣大，無私為公，因此莫知其極。」誠如　救世主慈悲提點的「你是無限。」其實，每個人都是無限，都有無限的可能，但是為什麼人家可以發揮出來，因為祂們心量廣大，因為祂們收攝妄念，因為祂們無私為公。而這些，都是我們的學習的好模範、好榜樣。

■莫知其極，可以有國

由於心量廣闊寬綽，所以獲得「由神權認可」的治國權限。這裡的重點有兩個，一是「心量廣闊」，二是「神權認可」。由神權認可，才能長治久安，而神權為什麼認可，因為該國的政權是順應天道而行。

然而，那麼我們不禁要問：「那些不被神權認可、不順應天道而行的政權或國家呢？」當然，難以長久。我們看各國歷史，幾乎總是經常上演著朝代更迭的戲碼。

而上述的關鍵原因，還是在於「順道與否」。

■有國之母，可以長久。

「國之母」，就是指一個國家的根柢——也就是「道德之有無」，亦即「順道與否」。

■是謂深根固柢，長生久視之道。

因此，這裡，老子就做了一個結論：

深根固柢——能順著宇宙運行規律的國家，這是「國祚之所以能夠長存於世，讓世人得見的方法（長生久視之道）」——也就是本章一開頭所說的「治人、事天，莫若嗇」。沒有比「嗇——收攝妄念，順應天道，把人做好」更有效的方法了。

而這對執政者而言，可以說是「內聖」。

對百姓而言，讓世人瞭解到「收攝妄念，順應天道，把人做好」這件事的重要性，進而世人願意以此為方向，這當然也就是「治人、事天」最好的辦法。

因為，這關乎人們的自由意志，在佛家來說，可以說是一種「願」，用世人的角度而言，可以說是「意願」。當各個人民，「有意願朝向善的方向努力，願意順道而行，願意收攝妄念，願意從三維揚升到更高維度」時，當然，世人自然而然會朝著善的方向而行，而有美好的未來。而這，也是各尊神權來此世的用意。

以佛門為例，何以有「七佛略教誡偈」？因為，祂們那時的人心都相當純樸，所以祂們只要簡單點明方向，大家就知道要怎麼做，就能朝善的方向提升。因此，「懂得反省，並且，有意願朝善的方向努力」這一心態很重要。現今局勢中，我們地球人最重要的就是——有意願向善的心，共同希望地球渡過危機的心。

依　救世主王慈愛的開示：地球善人大團結，善心善念，希望地球好，那我們就有希望真正渡過地球的危機。

這是現今我們地球人迫切需要的，但願地球朋友們能真正理解。

**★ 救世主王慈愛：懂得反省的，歸上天管；
反之，歸輪迴地府管。**

60. 治大國若烹小鮮。

以道蒞天下，其鬼不神；

非其鬼不神，其神不傷人；

非其神不傷人，聖人亦不傷人。

夫兩不相傷，故德交歸焉。

▲ 憨山解：此言無為之益，福利於民，反顯有為之害也。

解讀(60-1) 治大國若烹小鮮。

治理一個國家，就好像在煮小鮮。「小鮮」就好像小魚、小蝦之類的。憨山法師對此註解為：「凡治大國，以安靜無擾為主，行其所無事，則民自安居樂業，而蒙其福利矣。故曰若烹小鮮。烹小鮮，則不可撓。撓，則糜爛而不全矣。治民亦然。夫虐政害民，災害並至，民受其殃。」

這意思應該不難理解。「撓」，在此就是「攪動」。整段的重點在於「不擾民」，就如第58章所說的「其政悶悶，其民醇醇；其政察察，其民缺缺」。而「最大的擾民」是什麼？「苛政」，苛政猛於虎。如果一國出了昏君、佞臣（善於奉承、諂媚的臣子）、貪官污吏，那這個國家很快就玩完了。為什麼呢？因為這類型的執政者所制定的政策，絕對都是想方設法從百姓

撈取好處，而這絕不是順應天道的行為。逆道者亡，既然逆道而行，當然不會長久。

所以，「**治大國若烹小鮮**」的重點在於「德政」。當然，這是以「政治、治國」做為譬喻，治國尚且如此，難道「組織機關、社會團體乃至於宗教單位……」，不是如此嗎？　因此，這句話，表面是說「不擾民」，往深裏說，即是「德性」的重要。

解讀(60-2)　**以道蒞天下，其鬼不神；**
非其鬼不神，其神不傷人；
非其神不傷人，聖人亦不傷人。

■以道蒞天下，其鬼不神：

順著宇宙運行的規律來行事，治理天下，那麼人們認為會降災禍給世人的鬼怪，也就不靈了。這裡的「不神」，指的是「不靈驗或沒有作用了」。

■非其鬼不神，其神不傷人

憨山法師解為「第雖靈爽赫然，但只為民之福，不為民害。」這是說不是無形的「鬼神」不靈驗，而是祂們只為造福人民，而沒有害人之心行。譬如：《藥師琉璃光如來本願功德經》中所提及的「十二藥叉大將及其眷屬」在聽聞釋迦牟尼佛宣說藥師如來的本願功德殊勝利益之後，發起菩提心要護持藥師法門。這就是「非其鬼不神，其神不傷人」的明證。

至於，為何祂們「只為民之福，不為民害」呢？答案就在下一句。

■非其神不傷人，聖人亦不傷人。

憨山法師註解：「非其神不傷人，實由聖人含哺百姓，如保赤子。與天地合其德，鬼神合其吉凶，而絕無傷民之義，故鬼神協和而致福也。」

這是說，聖人（合道者）順著道，協助世人順道而行。當「人民順道而行，人心向善（因）」時，自然而然，德性彰顯，就會有一股祥和的能量場保護著（果）。

以上這整大段，是相當美好的狀態，也是一個理想。就像本書序文所提及的「真正意義的家家觀世音，戶戶阿彌陀」（請翻至序文參照），希望這個理想能實現。

簡單來說，重點在於「以道涖天下」，也就是——世人均能依道而行，都知曉轉世人生的真義、都知修行

／修心的要訣，那麼就各自依道而行。當大家都能自律，都沒有害人的心念，能互相尊重，同舟共濟，願意向善而行，世間就是淨土了。所以，聖人降世，重點在挽救墮落的人心。「墮落」，其實指的就是「不順著宇宙規律而行」。

因此，何以上一本書「老子道德經講義（道篇）」，　救世主賜書名「好運的泉源——把人做好」，我想原因也在於此。我們一般人都習慣向外求助，或求神，或卜問吉凶……，然而，能究竟幫到自己的，還是自己願意「順道而行的正心正念與善心善行」。

救世主開示的「佛幫不了你，魔也幫不了你，正心正念才幫得了你。」正是此意。

何以故？「善有善報，惡有惡報；順道者昌，逆道者亡」，這是「因果道理」，

解讀(60-3)　**夫兩不相傷，故德交歸焉。**

順著上一段看下來，大家都依道而行，沒有害人的心，而是希望人們能成就的善念，如此一來，自然兩不相傷。所以，「德」就自然攏聚在世間。而這個「眾人之德」就會形成一種禎祥的氛圍、和諧的環境。這股良

善禎祥的能量，就能保護著那塊土地。

而如果一位修行人，修得好，也能由於祂的德行福蔭當地。而視其修行程度的高低，而影響福蔭的範圍。

因此，當我們真的遇到修得好的修行人，要珍惜，不要想要傷害祂。而對於我們自己，也不要老是想要人家來福蔭我們，我們自己也要努力，期許自己也成為光之燈塔，去照亮其他人。如果一昧地只是想接受，而不願意付出，這樣的心態在修行領域裡，是很難成就的。也就是說，我們不要只是想要遇到貴人，而是也要努力成為別人的貴人。

61. 大國者下流，天下之交，天下之牝。
牝常以靜勝牡，以靜為下。
故大國以下小國，則取小國；小國以下大國，則取大國。
故或下以取，或下而取。
大國不過欲兼畜人，小國不過欲入事人。
夫兩者各得其所欲，故大者宜為下。

▲ 憨山解：此言君天下者，當以靜勝為主，不可以力相尚也。

此篇在講「不以力凌人，以容為主」

解讀(61-1) **大國者下流，天下之交，天下之牝。牝常以靜勝牡，以靜為下。**

大國，如海處下。大海，眾流合匯，彷彿孕育天下的母親。

除了以「海」為喻，「大地」也是一個很好的例子。大地，處於最下，納山包海，孕育、滋養天下萬物。大地，「靜」，會勝過於「常處動態」，地一直動的話（地動），這就彷若地震。微感地震，可能我們不覺得什麼，但是若是頻繁出現大地震。那麼，對於居住在大地上的人，就很容易經常揣揣不安。所以說「以靜為下」。

以「靜」——以「安定」的狀態。「為下」——「做為基礎」。也就是說，海也好，大地也好，若是以一個安定的狀態做為基礎，那麼生命就得以在其中孕育、生長。若是「海上暴風、海嘯，大地震」的情況，那萬物很難在這種狀態下得到孕育、滋養。心，亦然。

■牝，ㄆㄧㄣˋ，雌性。牡，ㄇㄨˇ，雄性。

解讀(61-2) **故大國以下小國，則取小國；小國以下大**

國，則取大國。

故或下以取，或下而取。

不論是或下「以取」，或「而取」，這是以「大國／小國」為喻。重點在於：大國如果能包容小國，則小國會對之順服。而小國如果能以不卑不亢的態度，與大國相處，則能與大國相安。所以說，「或下以取／或下而取」。

至於，「或下以取／或下而取」，是「以取」，還是「而取」。關於這點，不需要糾結。這個詞的重點意思就是「各自處下，互相尊重，就能彼此相安無事。」「處下」，就是謙和。而上述「牝以靜勝牡」，就是「不妄動」。

解讀(61-3) **大國不過欲兼畜人，小國不過欲入事人。**

對於大國而言，不過就是要「能包容人」，對於小國而言，不過就是要「以不卑不亢地態度與大國相處。」

為什麼說「不卑不亢」？「不亢」，因為國力不如人，不能亢。但雖不亢，卻也得不卑。「不卑」，不能因為國力不如人，因此就很彆屈的樣子。過得憋屈，或讓人予取予求，這也不是好事。

解讀(61-4) **夫兩者各得其所欲，大者宜為下。**

所以，在「大國能容，小國能讓」的前提下，就能各取所需，相安無事。然而，老子提出的見解是「大者宜為下」。因為，大國畢竟國力較強，「大國能容」——大國先釋出善意，是相形之下，比較容易的事。

⊙第61章重點：本章的「大國」與「小國」，可以是「說明實際情況」，也可以是「一則譬喻」。

■「說明實際情況」就是：

地球上，各個國家，雖然有國力的強弱，但兼容並畜是很重要的。不要一昧地抱持著「吞併各國，自己獨大」的想法，這種想法不好。宜調整為「同舟共濟，兼容並畜，和平共處」。以前，俄羅斯帝國、蒙古帝國、大英帝國，他們曾經那樣大的版圖，至今也是消弱，甚至不復存在了。[9]地球人類，只有「摒棄獨大」的想法，轉而採取「和平互助，地球永續經營」的理念，才有出路。

老子，在《道德經》中，一再說明「順道而行、

9　網路上有篇〈人類史上領土面積最大的三大帝國：蒙古國並非最大〉，即對此三大帝國加以說明。原文網址：https://kknews.cc/history/e893x24.html。

不爭、謙下、慈、儉、不敢為天下先……」就是在勸我們：「把『我』縮小一點，順著宇宙規律而行，而治國，而共處」。

■「一則譬喻」就是：

雖然以「國政」或「國與國的情勢」來說明。然而，匯歸到「把人做好」這件事上，是一樣的道理。要我們反觀自照的，還是這幾個項目：

「我／私」是不是能縮小一點？

「是不是能順道而行？」

「是不是肚量／器量再大一點？而能謙和、容人。」……

還有很多，需要大家各自反觀、省思，沒有辦法每一項都談到。但，原則就是如此。總之，老子講述《道德經》，重點是在提醒我們「合道而行，把人做好」。而不是在談「機巧、權謀、用兵」，如果解讀到那個方向去，就偏離老子留下《道德經》的旨意了。

62. 道者萬物之奧。

善人之寶，不善人之所保。

美言可以市，尊行可以加人。

人之不善，何棄之有？

故立天子，置三公，雖有拱璧以先駟馬，不如坐進此道。

古之所以貴此道者何？

不曰：以求得，有罪以免耶？故為天下貴。

▲ 憨山解：此言道之為貴，誡人當勉力以求之也。

解讀(62-1) 道者萬物之奧。

道——宇宙運行的規律，是森羅萬象賴之而存的奧秘。

解讀(62-2) 善人之寶，不善人之所保。美言可以市，尊行可以加人。

■「善人之寶，不善人之所保。」

「道」，對於善人而言，是善人們之所以「能夠得以成就」的至寶。而對於「還在造惡的人」來說，也是依著「道」而得以存。

然而，這得談到「臨界點」的問題。老子談這段，主要是談「宇宙運行的無私」，就像太陽，它不會只照善人，而不照惡人。

但，值得注意的是「順道者昌，逆道者亡」這個概念。也就是「臨界點」，譬如惡人造惡，還「未到臨界點」時，也就是「還可能有挽救餘地」的時候，要趕緊回頭。又譬如，現下地球的末日危機，很多人不知道這危機還未完全通過。

因為，現下有　救世主王慈愛，有神權拖著地球人的業力。但，若是拖不動地球人的業力，神權就會站觀望。這些是根據　救世主王慈愛開示，而得知的訊息，不是我個人的能力。

那什麼是「地球危機臨界點」？可能是隕石撞地球，可能是大地震、大洪水，也可能是核武。真正到了這些事件發生的時候，就沒有挽回餘地了。

所以，「不善人之所保」，這是就著「未達臨界點之前的狀態」而說的。**雖然在「業力未達臨界點之前」，看似「道」也讓惡人、惡靈還能生存。但是，但是，我們看一下，在「業力未達臨界點之前」會發生哪些狀況。**

根據　救世主王慈愛2022年7月25日開示的第五點

五、地球人的迷失，以為造業不用還。

真相是，要還的，舊宇宙神權，就是使用法術，業力連天，敗光治理權力的。使用法術掌控人，害人，會迅速耗盡個人的1、累世修為，2、福報，3、轉世空間，4、陽壽。逐一耗盡，就沒了，您的選擇，神權都尊重。

（收錄於《好運的泉源—把人做好：老子道德經講義(道篇)》(2022年)，P12。）

「逐一耗盡，就沒了」的意思，　救世主用了一個詞，叫作「業力爆表，消失」。當時，舊宇宙神權裡的宙斯，就是因為大量使用法術，最終業力爆表而消失。

所以，我們不要誤解「天不棄人」的意思。天是不棄人，但「不棄人」，是說天地很慈悲，不論是善人、惡人，都給我們很大很大的改過空間，期許我們每一位靈性，都能回到最初光明美好的狀態——這稱作「天不棄人」。所以，等一下，我們就可以看到老子用「人之不善，何棄之有？」來形容「天不棄人」。

然而，「天不棄人，唯人自棄」。「唯人自棄」這話，老子在第62章當中並沒有說。因為第62章的重點，是老子在闡明「道之為貴」。

不過，順此我們也談一下「唯人自棄」的概念。雖然，天不棄人——給眾靈、有情眾生很多機會修正自己。但是如果眾靈／我們自己不珍惜，一但「到達業力的臨界點」，也就是 救世主開示的「業力爆表」，那麼，該是消失，也是會消失；該覆亡，也是會覆亡，只是遲速而已。

而這就是「宇宙運行規律」的真相之一：
順道者昌，逆道者亡。天不棄人，唯人自棄。
一切唯心，善惡由己。禍福無門，唯人自召。

■「美言可以市，尊行可以加人」

「美言可以市」

市，其中一個意思是，買賣、交易，而憨山法師解作「利」。在此，解作「利」會比較貼切。「美言可以市」，指「美善的話語，是能夠對人產生饒益、幫助的」。或指「一個人言語的莊嚴，會讓人因此身

價提高、受人尊重」。

「尊行可以加人」

憨山法師解作「一行之尊，則可以加於人之上。」這是說，一個人行為的莊嚴美善（高尚的行為），可以「見重於人（讓人所看重）」。

解讀(62-3) **人之不善，何棄之有？**
故立天子，置三公，雖有拱璧以先駟馬，不如坐進此道。

這是接著「**美言可以市，尊行可以加人**」來說，意思是，一個人有高尚的言語和行為，這可謂是「善人」。「道」是「善人之寶」。然而，對於「不善之人」呢？老聃說「人之不善，何棄之有。」

這話怎麼說呢？

也就是：人雖然有善，有不善，但「道」都一直給人機會。不過，剛剛也提及了「天不棄人，唯人自棄」。自棄，自己想要走向滅亡，「逆道者亡」，造惡、逆道而行，不是不會覆亡。道－宇宙運行的規律，給「每一生靈／有情眾生」不斷改過自新的成長機會，這是「道的平等無私」。「順道者昌，逆道者亡」，這也還是「道的平等無私」。然而，在「順道」與「逆道」之間，我們「可以選擇－也就是自由意志」，但是選擇的後果需要各自承擔。「人之不善，何棄之有」是從這個角度說的。

「立天子，置三公，雖有拱璧以先駟馬」

泛指世間的「榮華富貴、權力財貨」。

■天子，中國古代君主、帝王的稱呼。

■三公，輔佐天子治理國政的三位大臣。

■拱璧，兩手合抱的大塊璧玉，以喻相當珍貴的寶物。

■駟馬，有個成語叫作「一言既出，駟馬難追」，比喻話一出口，四匹馬拉的車，都難以追回，所以要「慎言」。駟馬，就是指「四匹馬拉的車」，古代，一般老百姓出門得走路，哪有馬匹可以騎乘。出門能坐這種「四匹馬拉的車」，表示也是相當權貴了。

然而，「天子、三公、拱璧、駟馬……」老子認為這些都不可靠，這從第9章的「金玉滿堂，莫之能守」就能看出。因此，在這人世間，最重要的事是什麼？老子指出「**不如坐進此道**」。

解讀(62-4)　不如坐進此道

在講「不如坐進此道」前，我們先講一個故事。

磨瓦成鏡？

曾經看過一部電影，片名是《達摩祖師傳》。其中一個橋段，幾位僧人在一室內打坐，祖師走了進去，拿著一片瓦，開始在那打磨。僧人見了，覺得訥悶，便問祖師：「你在做什麼？」

達摩祖師回道：「磨瓦成鏡。」

僧人笑：「磨瓦豈能成鏡？」

達摩祖師云：「磨瓦既不能成鏡，坐禪又豈能成佛？」

雖然，靜靜坐著，沒有雜思妄想，也很好。但是，那還不是「坐進此道」的真正意涵，現下有些修士，彷佛還停留在「坐，這個形象」的概念上。

Q. 那麼「坐禪豈能成佛?!」與「不如坐進此道」有沒有衝突呢？

A. 事實上，是沒有衝突的，只是語境、語義的不同，也就是「切入的角度不同」。

達摩祖師，是中國禪宗初祖，我們先來看一下禪宗六祖如何解讀這個「坐」。之後，再來看看如何理解「不如坐進此道」這句話。

《六祖壇經》坐禪品第五：「師示眾云。善知識。何名坐禪。此法門中無障無礙。外於一切善惡境界心念不起名為坐。內見自性不動名為禪。」

「坐」，安處一地，此地為心。

所以，「坐進」，這不是叫我們非得坐在什麼地方不可，而是叫我們「不要被外在的種種事相迷惑」。回到心地上，檢視自己是否不迷不亂——有沒有被物質界中，「種種的有形物質」或是「種種無形的權力、財貨」給迷惑了？這是「坐」。

「進此道」 剛剛提及，是指「與道冥合」——即「與宇宙運行規律相契合」。

「不如坐進此道」也就是「落實心性，與道冥合」。就是說，與其一直去追求榮華富貴、權力財貨，不如好好地在心地上下功夫，好好地與道契合。譬如，有沒有學到「道之無為」呀？有沒有學到「水之善利萬物而不爭」？……做到這些，即稱作「落實心性」。「順道而行，把宇宙運行規律，落實到心性，內化為我

們靈性的一部分」，這叫作「坐進此道」，是修行／修心的精髓所在，而這也才是「靈修」這個詞的真正內涵意義。

「靈修」這個詞，有時也被誤解得很嚴重。

其實，所謂的「靈修」，乃至「天人感應」、「天人合一」的真正意思即是「落實心性，與道冥合」。不然是要修什麼？感應什麼？又開悟什麼呢？——即，修內在心性的無為無私，不迷不著，生活起居，待人處事能順應宇宙規律而行。「順應宇宙規律而行」這稱為「天人感應、天人合一」。所以，我們好好地體會這些觀念道理，每個人都能在日常生活中用功。若不能體會這些道理，任憑跑遍天下寺宇、道觀、教會教堂，恐怕用處也不大。說這話，大概有不少人看了會心生不悅，但對於真正想要修行的人，期許您們能夠體會。我個人，雖蒙受　救世主王慈愛、新宇宙神權的開示與加被，稍稍在字義上體會到這些道理，但在「落實心性」這區塊，自己還沒完全做到，這是我感到很慚愧的地方。也只能和大家共勉之了。

解讀(62-5)　**古之所以貴此道者何？**
不曰：以求得，有罪以免耶？故為天下貴

現代語：古時，之所以看重這個「道」，這是什麼原因呢？不是說，若求得道，就算有罪，也可以得以減免嗎？所以，視「道」為天下間最珍貴，是世人真正最應該看重的。

其實，這點，應該不難理解，還是「順道者昌，逆道者亡」。

63. 為無為，事無事，味無味。
大小多少，報怨以德。圖難於其易，為大於其細；
天下難事，必作於易，天下大事，必作於細。
是以聖人終不為大，故能成其大。
夫輕諾必寡信，多易必多難。是以聖人猶難之，故終無難矣。

▲ 憨山解：此言聖人入道之要妙，示人以真切工夫也。

第62章當中，提到了「故立天子，置三公，雖有拱璧以先駟馬，不如坐進此道。」第63章，也就是本章，老子很慈悲，開始「鼓勵我們坐進此道」了

解讀(63-1)　為無為，事無事，味無味。

「無為、無事、無味」，這都是「道」的特徵。

然而，我們還是得明白「道可道，非常道；名可名，非常名」。「道」這個詞，尚且是「強名為之（人為安立、設立的形容詞）」，何況是「無為、無事、無味」這些形容詞呢？再次提及上述這些，還是「希望我們不要因此被這些字彙綁定了」。

好，那麼「無為、無事、無味」，若要用德性與之對應，或許可說是「自然、不爭、淡然」，也可說是「不執、不貪、不著」。

「無為」

世間最大的無為，應該就是「順應於道」了。為什麼呢？因為「順」。簡單來說，依著宇宙規律，什麼時候該做什麼事，就做什麼事。順著時節，順合著宇宙的節奏運作著，從這個觀點來看，的確也是一種「無為」。就像佛門說「布施」要「三輪體空」——亦即不執著是我在布施，不執著布施的對象，不執著布施的項目。所以，它的重點在於「不執著」。不執著，也是「無為」的狀態，不覺得自己在做什麼。當然，更往深裏說，可以觸及「無我」。

「無事」

無所希求，不與人爭，自然無事。而這些，源於

「不貪」。若是能夠做到「不貪」的話，我們生活將會輕省很多。

我們現代人，以台灣人來說，太方便了。買東西，網路訂一下；要吃餐點，手機訂一下；想看個影片，也未必要跑電影院……。而且，手機網路就可以支付了。但，看似方便，其實都是事兒。因為，有很多「欲求」在這些生活當中。而這些欲求的背後，需要靠「金錢」來支撐，古代有個詞叫作「為五斗米折腰」，講的就是為了生活，不得不在人事中打轉。「人事」是最難的，很多時候，不是事情難辦，而是人事複雜。為什麼？因為人心複雜、人性複雜。本來不複雜，是我們把它弄得複雜。

所以，我很感恩佛菩薩讓我們知道「原來各各本具佛性」，很感恩救世主、新宇宙神權的引導，讓我了解「原來每個人都是光之靈魂的一份子」。為什麼感到感恩呢？因為，還好知道「原來人性可以朝向佛性、光之自性、靈性成長」，否則，在這世間（地球），若是只看到種種的現象、景況，真的是讓人會對人性產生相當大的失望與失落。這不是說我自己有多好，回想自己種種小我的那一面，也是覺得有種自我懷疑與慚愧的感覺。

因此，很感恩，在宇宙高層的引導下，我們知道：

人性不完全是負面的，而是可以有「相當真誠」，並且「至為美善」的一面，而我們是可以往那個方向前進的。知道這個真相，實在是令人感到喜悅與具有希望的事。

「無味」

淡乎寡味。這裡講的是「淡泊」，不但對外境淡泊，對內在也能淡泊。真能淡泊的人，讓人佩服。

何以甘於無味？因為「無求」。「人到無求，品自高」，「心空及第歸」。我們知道日本有一些「老匠人，達人」。他們一輩子就專心地做一份工作，譬如製作鏡框，譬如種蘋果，譬如做紅豆餅……，彷彿這些事對他們來說，不是工作，而是生命。重點是，他們熱愛著他們的工作。原來人可以活得如此簡單而純粹。這，不算是一種修行嗎？應該算吧——甘於無味。可是，真的是無味嗎？未必，因為「甘之如飴」，所以也就甜了起來。

還有，我也很喜歡西藏人民那種發自內心的笑容。我這輩子還沒去過西藏，聽說現今在政治下，與以前很不一樣。希望西藏人民還是能像我印象中一樣，笑得那般自在。我對西藏人民的印象是來自照片集或一些介紹影片，但讓我印象最深的就是他們的笑。我在台灣，很少看到那樣的笑。我以前就是這樣，不笑的時候，別人以為我在生氣，其實沒有。後來，開始學習這學校沒有教的事——「學笑」。

我們有多久沒有發自內心地笑了呢？為什麼西藏人民，過得那樣簡單，卻能笑得那樣發自內心？其中，是否有值得我們學習的地方呢？

所以，「甘於無味」不是那樣容易。如果，要「在無味之中，甘之若飴」，那想必，要有一種「超乎有味與無味的狀態才行」。對於西藏人民，或許這是由於他們「極為純樸而虔誠的信仰」。如果，這世上，每個人都如此甘於淡泊，卻又能笑得如此自在，那將會是多麼美好的景況。沒有算計、沒有鬥爭，而能民胞物與……。

解讀(63-2) **大小多少，報怨以德。**

「大小多少」

這泛指「世間種種事、種種相處」。

「報怨以德」

這是說「不要計較了」，不要再因為恩恩怨怨，而彼此牽扯不休，輪迴不止。想起聽過的一句話，「不論遇到什麼事，都選擇愛的那邊。」如果真的做到，大概就不容易再結冤結了。

您們看，我們現今歷史上的恩恩怨怨，到今日還未能休止。我們地球人有時自稱是「現代國家、先進國家」，其實在心靈層次，還是很低的。以前亞特蘭提斯時代，科技文明那樣發達，卻還是因為人心墮落，最終也走向滅亡。而什麼是「墮落」？最簡單的定義，「與道相違，就是墮落。」可見，一個文明的真正先進與否，不在科技是否發達，而在心靈層次的高度。

如果科技發達，但心靈未能達到一定高度，那麼，「所謂的科技」，也不過是「加速人類滅亡的一種存在」。在這種情況下，並沒什麼好因為科技發達而慶幸。像核武的發展，並不值得人類慶幸。地球人類發展核武，是一種災難，因為地球人並未達到「能夠完全不使用核武」的心靈高度。

「大小多少，報怨以德。」

與道相合，提升心靈層次，才是地球人唯一的出路。

解讀(63-3) **圖難於其易，為大於其細；天下難事，必作於易，天下大事，必作於細。**

以上種種，不論是心靈層次的提升、完全廢除核武，亦或是報怨以德……我們不要覺得很難達成。

覺得難行，那我們就從簡單的地方開始做起；覺得項目太大，那我們就從一個細部開始進行。天下間再難的事，也都是從「簡單而可以達成的部分」開始；天下間再大的事，也是從細項開始。

衍伸來看，這裡的「易」和「細」指的是什麼？我想，還是指「心」，也就是人們所謂的「方寸之間」。或許用「意願」，或者「出於自由意志的選擇」等詞來形容也行。

也就是說，「有想調整，才會開始調整。」 修行／修心，也是如此，「開始覺得自己不夠好，覺得自己還有待修正」，才可能開始修正。不然，若是覺得自己完美無缺了，那怎麼談得上修行？因為我們不完美，所以才要調整自己。「調整自己，使自己更好」，其實這個就是「修行」。只是古德在宗教裡，用「修行」這個詞用習慣了，讓我們「誤以為：修行要在宗教裡才能進行」，其實不是這樣的。

宗教，只是幫助我們了解真理、真相的一個區塊，我並不否定這個區塊。但我們也理當認知到：「了解真理、真相，也不是只有宗教這個區塊。修行／修心，也不是宗教人士的專利。任何人，只要了解宇宙運行的規律，知道自己還有可以調整的地方，願意反省並修正自己，願意改掉自己的不良習性。這樣，每個人，都可以

是修行人。」其實，比起「修行人」這個詞，我個人更喜歡用「像真理靠近的人」一詞來形容。

而「圖難於其易，為大於其細」一句，如果放在「修行這件事」來看，用最簡明的話來表達，就是　救世主王慈愛所開示的「把心顧好」。

解讀(63-4)　**是以聖人終不為大，故能成其大。**

所以，這些有成就的人，始終就不是「為了完成什麼大事」而做事，但卻也因此逐步把事情給圓滿了。

這個例子，以「救世主王慈愛的行跡」來說，最明顯了。祂彷彿就是以一股「傻勁」，不計較自己成敗，就只是希望大家得救，就只是老實地把上天丟給祂的每一個處境，想辦法突破。祂在宇宙間三大天（第一、二、三宇宙）成功地幫助神權渡劫。當時，宇宙間有1／3的星球爆炸，倖存2／3，已經是奇蹟了。因為救了神權，所以新宇宙神權奉祂為救世主。

很多地球人以為「救世主」只是救地球，但實際上，救世主是救了「神權」。但事實上，地球在　救世主王慈愛及神權的救助下，也渡過了好幾次的危難。2012的末日之說，並非危言聳聽；2013年，俄羅斯上空的隕石被神權以法力擊破，實屬其來有自；當年的X

行星；太陽幾度能量不足……。我們地球人，所知，真的是相當相當的少呢！

一件一件，地球在　救世主和神權的努力下，走至今日。而救世主從未想過要當「救世主」，也從未想過會成為新宇宙神權的女王，統領三大天。在舊宇宙中，三大天幾乎是不相往來。而現今由一人統領，也是前所未有的。只能說「真是不可思議的奇蹟」。

所以「聖人終不為大，故能成其大」很有道理。祂們做的，僅只是懷抱著一個真心慈愛的初心，把每一個當下做好。而我們也可以如此學習。

解讀(63-5) **夫輕諾必寡信，多易必多難。是以聖人猶難之，故終無難矣。**

字面意義：對於承諾不能看重，必然是信力不足的。看似許多很容易的事，但卻一件也不去完成，那必然也是困難、阻礙重重的。

「是以聖人猶難之」

所以，有成就的人，不會輕看自己的承諾，也不會輕忽那些「看起來很容易完成的小事」。因此，這些看似很困難的事，也就在一件件小事的完成之下，逐漸完成了。

這有點類似「切成小塊、分批完成」的概念。譬如學生準備考試，各個科目，各科又有各自的範圍，要一次全部準備完成，是不容易的。所以要「切割成一個一個小塊」，再加以準備。就像，我們買了一塊大蛋糕，若是給一個人吃，且一次要吃完，對大部分的人是很難的。所以，切成一小塊一小塊，分次吃，將是一個方式。

下一章，就會再次講到這個概念。

64. 其安易持，其未兆易謀。其脆易泮，其微易散。
為之於未有，治之於未亂。
合抱之木，生於毫末；九層之臺，起於累土；千里之行，始於足下。
為者敗之，執者失之。
聖人無為故無敗；無執故無失。
民之從事，常於幾成而敗之。慎終如始，則無敗事，
是以聖人欲不欲，不貴難得之貨；
學不學，復眾人之所過，以輔萬物之自然，而不敢為。

★ **救世主王慈愛開示：**

每一個小件的完成☑就是每一個小功蹟。修行領域的成就，是由每一次的轉世，每一次的小功蹟，堆疊而成。

▲ 憨山解：此釋上章「圖難於易，為大於細」之意，以示聖人之要妙，只在為人之所不為，以為學道之捷徑也。

解讀(64-1) 其安易持，其未兆易謀。
其脆易泮，其微易散。
為之於未有，治之於未亂。

■其安易持，其未兆易謀。

憨山解：「安與未兆，蓋一念不生，喜怒未形，寂然不動之時，吉凶未見之地，乃禍福之先，所謂幾先也。」

這段話，說的近似「菩薩畏因」，亦即「起心動念之先」。我們的念頭一但升起，這就產生了「因」，而這個念頭的善與惡，就影響了之後的

「果」。所以，何以「觀察自己」的思維、想法，是一件重要的事。而「回光返照」講的，其實也就是「回過頭來，觀察自心」。「歸依」也是如此，歸依何者呢？「歸」，回光返照。「依」，依著正念，亦或依於「安止不動、不起風波之狀態」。

我們看，《六祖大師法寶壇經》，惠能法師他老人家說

「歸依自性三寶。
佛者，覺也。法者，正也。僧者，淨也。
自心歸依覺。邪迷不生，少欲知足，能離財色，名兩足尊。
自心歸依正。念念無邪見，以無邪見故，即無人我貢高、貪愛執著，名離欲尊。
自心歸依淨。一切塵勞愛欲境界，自性皆不染著，名眾中尊。
若修此行，是自歸依。」

六祖惠能法師所謂的「歸依」，就是「回光返照」，照照自己念頭是不是回歸自性之「覺、正、

淨」而行。心，依「覺、正、淨」而行，這也是「合道——順應宇宙運行規律」。

明白宇宙運行的規律／真理／實相，此即「覺」；

順道而行，此即「正」；

冥合於道，不著內外染著境界，此即「淨」。

而老子所謂的「其安易持，其未兆易謀。」其意相通。就是「回過頭來」依止那個可以歇停的地方——「自性覺、自性正、自性淨」，這稱作「回頭，是岸」。

因此，「觀察」我們剛萌生出的念頭，是不是相應於「覺、正、淨」，一開始先學「止息」惡念（不覺、不正、不淨的念，乃至害人的念）。讓這些不善的念頭，不要繼續增長，不要讓它像滾雪球一般，愈滾愈遠，愈滾愈大，乃至影響到我們的言語和行為。此是「斷惡」，是「諸惡莫作」的原理。

慢慢學習，讓善的念頭增長，在日常生活中，把「覺、正、淨」的道理，乃至於將「不邀功」，「小心、低調、不爭」，「無私→無我」的「理」落實心

性。

最後，把這些「我在做什麼」的念頭，也掃除。連「我在練習落實心性」這個念頭也不要執著。而因此「冥合，於道」——完全與宇宙運行規律合拍。

這就是簡單地說明「修行／修心的步驟」。

■其脆易泮，其微易散。

憨山法師解作：「若脃與微，乃是一念始萌，乃第二念耳。」

「脃」即「脆」。上述的「安」與「未兆」，憨山法師是認為這是「第一念」，而此處的「脆」與「微」，則是「第二念」。我們的念頭是一個接著一個，而且這個速度太快了。就像「動畫原理」，我們看「動畫」為什麼稱作「動畫」？就是因為它由「許多的圖片，快速播放，讓我們的視覺認為『這是流動的、連續／相續的』」，但若把它定格來看，其實就是一張接著一張的照片組成。

我們的念頭，就類似這個比喻，其實是一個接著一個「看似相關，而實際未必相關」的念頭組成。

什麼叫「看似相關，而實際未必相關」？就像漫畫，「某一張圖（A）」與「下一張圖（B）」，我們把它連續來看，以為它是有關聯的，但是對於（B）而言，未必只能是那個樣子（未必相關）。也就是說，譬如圖A是「一個人拿著一塊蛋糕」，對於繪師、漫畫家而言，圖B會是什麼狀態呢？圖B可以是「這個人把蛋糕吃了」，也可以是「把蛋糕切成一塊塊分給別人」，也可以是「他把奶油往臉上抹」，也可以是「拿起來往天空拋」……

圖A，拿蛋糕，譬如第1個念頭（念頭升起）

圖B，譬如第2個念頭。可以是——吃蛋糕、拋蛋糕、奶油抹臉…，也可以是「跟蛋糕全然不相關的

念頭」。

我們通常會認為，「第1個念頭」與「第2、3、4、5個念頭…」是「有絕對關聯的」，這叫「念念遷流，相續不斷」，猶如「四十里瀑」，又似「高鐵飛速」。

但事實上，卻非如此，它們是「各自卓立的」，「並非絕對關聯」。

這代表著：我們絕對有「『隨時中止它』，然後『重啟新念頭』的可能性。」

也就是說「在看似流水般，一個接著一個的念頭，其實，在其中我們仍有許許多多『做出不同選擇的機會』」。

但，重點是：我們得「有能力觀察／檢視」到這些念頭，並且「有能力選擇『中止惡念』，並重啟正向念頭。」

「其脆易泮，其微易散」

泮：ㄆㄢˋ，有「冰解凍」或「分開」兩個意思，這裡，傾向採用「分開」這層意義。所以，「其脆易泮」，就像一塊很脆的餅干，一掰就開了。

而再往後延伸，「泮」與「微」如果是指「第二念」。那麼，「其脆易泮」表示：「從第一念，到第二念，乃至於第三、四五六……，這個中間，我們都是有機會，中止它，然後選擇重啟一個正念，甚或是讓自己回到清淨無念的狀態。」

「其微易散」

第二念之後，其實也是有機會去「沖散（止息）」它的。

道理上是如此，然而，實地操作上，是否這麼「易」呢？說難也難，說易也易。「難」，是因為「習氣重、業力深」，也就是有點「積習，難改」的意味在裡頭。說「易」，是因為「原理不難」，只要「察覺（觀）」，進而「止息（止）」；也是因為「有志者，事竟成」而不難。

「習氣重、業力深」，簡單來說就是「這個習慣性，太習慣了」，就像高鐵向前開動，那速度之快，不容易一下子把它停住。所以，得經常地做「回光返照—反省—調整」的練習。

■為之於未有，治之於未亂。

現代話：在徵兆之始，就做妥善的處理。簡單地說，即是「預防治療」

解讀(64-2) **合抱之木，生於毫末；**
九層之臺，起於累土；
千里之行，始於足下。

這種要好幾個人環抱才能合抱的大樹，也是從小小的樹苗長成的。有一次至中部參訪「大肚山森林復育中心」，負責人蔡老師在幫我們介紹時，就指著苗圃裡的「小苗」對我們說「這些都可以長成 『高幾十公尺的大樹』」。這就是「合抱之木，生於毫末。」。

關於台灣的森林復育，的確是有必要的。其實，森林復育這也是全球的議題，這裡頭，悠關「人如何看待自然的思想」——究竟是「以往我們被灌輸的『人定勝天』呢？」還是「人是自然的一份子，應與自然和平共處呢？」這是一個基本，卻相當重要的問題。它的重要在於「人與自然的相處模式」。當然，事實証明「人類傷害了地球、大自然」，而自然界也會加以反撲。

而最根本的原因，其實是「人類文明往往走錯方向」。也就是，我們地球人，在這個地球上生活之後，很容易開始「朝著物質發展方向」進行追求，而這裡頭的原因，一則，固然是「沒有認清實際方向」，也就是「不了解宇宙運行規律」。另一則，則是「貪婪之心」。

曾聽聞佛經中有個很有意思的記載，查詢後，出自《起世經》卷第九〈最勝品第十二之一〉，有興趣者，請自行找來閱讀。在此，簡單和大家分享一下就好。

釋迦牟尼佛說，我們人從光音天來，來到地球，地面上有一種東西叫「地肥」。當時從光音天來的這些天人，看到地面出現「地肥」，就有人開始用指沾取而食，很好吃，其他人也就跟相模仿。用手沾著吃，覺得不夠，慢慢地，就直接用手捧起來吃，後來愈吃愈多，身形變得粗惡，不再光明，漸漸地也失去飛行的能力，而難以返回光音天了。

而，這裡面最主要的成因，便是「貪」。佛門說「貪、瞋、痴」是三毒。這是說的相當準確的。三毒，簡而言之就是「三種會危害到我們靈性／覺性的原因」

「九層之臺，起於累土」

九層高臺，也是從第一堆土堆開始累積而成。「萬丈高樓平地起」也是相同的意思，當然這也說明「什麼事情，都是從基礎開始，不會『憑空』出現。」　這裡

的『不會憑空』，指的是「不會無緣無故」。衍伸出來，也可以說是所謂的「因緣／因緣法」。就是什麼事情，都會有所謂的「因」，不會是「無緣無故」的。譬如，宇宙運行的規律，就是森羅萬象之所以「成住壞空」的「因」。

又可看作「什麼事情的發生，都有其徵兆。」只是「我們看得懂，或看不懂；解讀得正確，或不正確」而已。在佛門裡，有所謂的「緣覺」，祂們觀察到世間的現象，譬如落花流水，花開花落，就「悟道了／開悟了」。咦，祂們究竟是悟到什麼？會不會就是「悟到宇宙運行的規律」。　釋迦牟尼佛，夜睹明星而見性。祂，究竟見到了什麼呢？

所以，這就是「會看」跟「不會看」的差別，會看的，山川大地均是佛經，均是悟道因緣；不會看的，看到佛經，也可能把它當作「分析、背誦、唱唸的一個項目」而已。

又，「菩薩畏因，眾生畏果」。不論是「**合抱之木，生於毫末**」還是「**九層之臺，起於累土**」。人家明眼的人，看到事情的徵兆，就知道要往哪個方向走；而我們一般人，總是要看到狀況發生了，才知道問題的嚴重。所以，有遠見的人不多，能夠如實了知當下實際狀況的人，也不多，這真的是，我們全體地球人所要克服的一個問題——我們太後知後覺了。

「千里之行，始於足下」

我們要遠行，也是從腳下的第一步開始。當然，這也可以衍伸出許多啟發。不過，基本上，還是告訴我們「當下的重要。」

解讀(64-3) **為者敗之，執者失之。是以聖人無為故無敗；無執故無失。**

這句話，很有意思。看似「白說」，其實什麼都說了。不過，有時會被誤會就是。我們先說說它「被誤會的點」，就是「沒有做，就不會錯。」這樣說來，好像也有道理，因此有些人乾脆就「少做，少錯；不做，不錯」，但這樣也難以成長，也不是老子所要表達的真正意思。

那麼，老子說這話的意思在哪兒呢？我們直接看重點詞彙就好，這句話的重點詞彙在「無為」與「無執」。

「無為」

前面也說過了，「無為」指的是「與道合拍」。「和宇宙運行的規律合一」，就能夠「無為」。因為，那不是「為」，不是很刻意地在做什麼。而只是

「合」，只是順著道而行。而「柔弱生之徒」這句話，也是一樣的。

我以前老是誤會這句話，誤以為「柔弱」就是要「柔柔弱弱」，好像不能有主見，後來才逐漸發現不是那樣的。

老子所說的「柔弱」是指「柔順」，順著什麼？順著道。「順道者昌，逆道者亡。」因此，「柔弱（柔順於道）」，當然就是「生之徒」了。

那麼回到「**為者敗之**」與「**聖人無為故無敗**」，這就不難理解了。

「為者」，指「硬碰硬／與道相違」，與道相違，即是逆道，逆道者亡，故云敗之。

「無執」

「執」，指「執著本身」或指「執持著不良習氣」。沒有執著，也沒有不良習氣，當然也就不容易有什麼過失。

> ★ **救世主王慈愛：**
> **佛菩薩沒有的習氣，都不要有。**
> **最大的敵人是自己。**

所以，「我執、我見、我愛、我痴」這全部都是自己的問題，不在別人 。

解讀(64-4) **民之從事，常於幾成而敗之。慎終如始，則無敗事，是以聖人欲不欲，不貴難得之貨；學不學，復眾人之所過，以輔萬物之自然，而不敢為。**

世間人做事往往功虧一簣。能夠從一至終，踏實完成，就是圓滿。所以，成就的人，做人不做，不去貪圖那些奇貨（此指「不為利誘」）；學習一般人不願學習的，譬如吃虧，譬如知足、不貪、恬淡，譬如脫離對物質界欲望的束縛……，因此成就眾人所未能成就的。以上種種，看似是很努力地在做什麼，或看似很努力地在修行，其實只是隨順著宇宙運行的規律／節奏，在行事，在生活而已，怎麼敢去說自己在做什麼，或又怎麼會去邀功，或怎麼會去與宇宙運行規律硬碰硬呢？

「不敢為」　基本上有這三個意思，就是「不覺

得自己有做什麼；不邀功；不與道硬碰硬」。這些的理路，前頭說過了，就不再贅言。

65. 古之善為道者，非以明民，將以愚之。民之難治，以其智多。
故以智治國，國之賊；不以智治國，國之福。知此兩者亦稽式。
常知稽式，是謂玄德。玄德深矣，遠矣，與物反矣，然後乃至大順。

▲ 憨山解：此言聖人治國之要，當以樸實為本，不可以智誇民。

此處要留心的是：對於「智」的定義要清晰，否則容易產生誤解。

解讀(65-1) 古之善為道者，非以明民，將以愚之。

古代與道相合的人，這稱作「為道」。何以加了一個「善」字，而稱作「善為道」？這表示「與道相合狀況良好」。

值得注意的是：「明／智」與「愚」，道家老子和佛家的「語境不同」。「語境不同」是說「祂們的解讀方式不同，但背後蘊藏的義理，其實是相通的。」

老子所謂的「明／智」，通常指的是「人為的機巧」，而「愚」指的是「樸」。

佛家所以的「明／智」，指向「智慧」，是正向的意涵。而「愚」指的是「愚昧／愚痴」。

可能有人覺得：「明明這兩者就不同，你為什麼說義理相通？」

這是因為，我們若是跳脫這些文字的形式，進而了解其中的意涵，便能認識到「祂們只是用不同的詞彙、語境，來表達『合道』與『不合道』而已。」 所以編者才說，有時對世人而言，宗教是不同的存在，而對編者而言，很多時候，只是語境的不同。

好，那接著，我們進入「老子的語境」來解讀「**古之善為道者，非以明民，將以愚之。**」

「非以明民」

這句話，用現代話來講，是說「不要試圖打開人們對於五欲的貪求」。說到「打開貪求」，不禁聯想到「潘朵拉的盒子」。

在希臘神話故事裡，宙斯給潘朵拉一個盒子，並要求潘朵拉不能打開。然而，潘朵拉難敵好奇心，終究還是將盒子打開。因此，盒子內許多不幸的事物便飛向世間——譬如疾病、禍害、貪婪、虛偽、誹謗、嫉妒、痛苦等。因此，世間便多災多難了。

不過，這個故事也很發人深省。那宙斯既然不要潘朵拉打開盒子，最好的方式，就是上一個牢固的鎖，或者壓根不要給潘朵拉盒子就好。為什麼要拿給潘朵拉呢？

而透過「潘朵拉打開盒子」的故事，我們可以理解「**非以明民**」，它的概念，其實也是說「不要打開那些『會引發人們產生貪婪、虛偽、誹謗、嫉妒、痛苦等』的欲念。」

因此，我們不妨說：老子語境裡的「明」指的是「知其可欲」。

那麼，「**將以愚之**」就是反著「知其可欲」來說了。簡單地來說，就是不要在物質世界裡，不斷地創造、顯化出一堆吸引人的東西，然後誘發人們不斷地追逐，而忘失「提升靈性／回歸自性」的重要。

此外，「愚民政策」與「老子所謂的**將以愚之**」是完全不同的概念，這在《好運的泉源——把人做好，老子道德經講義（道篇）》第77頁已經提及，請諸位自行參閱，感恩。

講到這裡，和大家分享一則小故事，我忘記在哪本書上看到的。

有一次有人帶達賴喇嘛尊者去逛百貨公司，逛了之後，人們問尊者有沒有什麼心得。尊者說：「我才知道有這麼多我不需要的東西。」

所以，「色不迷人人自迷」，世界上，的確有一些人，他們是不怎麼被物質束縛的。

重點是：我們總不能老是想著這些「**善為道者**」來把「跑出潘朵拉盒子的東西」抓回盒子，而應該想想：「我們要如何不被這些東西綁定？」或許「色不迷人，人自迷」是一個回答。

★ 《慈悲藥師寶懺》：

處世界若虛空，似蓮華不著水，

心清淨超於彼，稽首禮無上尊。

解讀(65-2) **民之難治，以其智多。故以智治國，國之賊；不以智治國，國之福。知此兩者亦稽式。**

以國政來譬喻，人民之所以難以治理，人心之所以混亂，是因為「人為的機巧」多，是因為「知其可欲」者多。所以，若是用「與道相違的智巧」來治國，將成為「國之賊」。

「國之賊」在這裡，指的是「將使得這個國家的運作難以順應於道」，不順於道，國運不會長久，很快就會把國家輸掉了，所以稱作「國之賊」。

而，若能以「樸實、柔順於道」的方式治國，以此讓國家得以長治久安，這就是一國的福氣。

■稽式：法則、準則。

解讀(65-3) **常知稽式，是謂玄德。**

能夠恆常地依照這個「宇宙運行的準則」警醒自己，順道而行，這就是「玄德」。

■玄德　冥合於宇宙運行之道，由於冥然與道合，因此「德性／性德」自然彰顯。

解讀(65-4) 玄德深矣，遠矣，與物反矣，然後乃至大順。

「這種冥合於道，而顯發出來的德性，它所觸動的層次是相當深層的，影響是相當遙遠的，與『追求於物、執迷於物』的概念是相反的。能夠如此『做到（落實心性）』之後，就能『大順於道（完全順著宇宙運行規律）』了。」

Q：何謂「觸動層次深層」？

譬如：救世主王慈愛開示：「害人的心，連潛意識都不要有。」

「潛意識」，或許也可以說是「打從心底」。我們在修行／修心，其實最主要也就是在修「落實心性」。

1. 像我們對於「真理」，字面的認識，是一層；
2. 了解後，練習實踐這個真理，這是一層；
3. 實踐到，真正落實到心性（連潛意識都調整了，打從心底如此了），這又是一層。

這是很簡略地區分，也只是方便說明，並不是非得這麼區分不可。

所以，「玄德深矣」，或許可以說是一種「打從心底的調整」。

那麼，「玄德遠矣」呢？或許可以說是：這種打從心底的調整，它的影響是相當長遠的。這話怎麼理解呢？「打從心底的調整」是「因」。「識因」都調整了，其後的「果」，也就完完全全不同了。所以，為什麼說「懺悔」很重要？就是在講這個——「打從心底的調整」。懺悔，可以透過外在的形式來引導，譬如佛門中有所謂的拜八十八佛，教會有所謂的「告解」。

但其實，最重要的還是「打從心底的調整」，如果徒流於形式的懺悔，那效用是不大的。這不是說形式不重要，而是說不要徒流於形式，請不要誤解了。

所以，什麼是「真心求懺悔」？「我知道自己造作了不好的身口意，我願意修正它，調整它，要求自己不要重覆造作。（自律）」

那麼，何謂「真懺悔」？　真的，連潛意識裡（打從心底）都沒有那些惡的念頭了，這是「最真實的懺悔」。也就是「心亡罪滅兩俱空，是則名為真懺悔」的真諦。

因此， 救世主王慈愛開示「凡事內省」，就是這個意思。

救世主王慈愛著有《修行人的導航》一書，裡頭有相當珍貴的修行心法，此《老子道德經講義（德篇）》中，有許有多開示引用自該書，諸位可自行尋《修行人的導航》來閱讀。

「反省是懺悔的基礎」。

「號稱修行人」這用處不大。「**願意反省，願意調整改過，願意將真理落實心性，並朝著這方向去做」，不用特意號稱修行人，也是修行人了。所以，每個人，都能成為修行人**。正向的宗教，可以幫助修行；但是修行，不是宗教的專利。這不是在否定宗教，而是希望每個人都能走在正確的道路上。

66. 江海所以能為百谷王者，以其善下之，故能為百谷王。
是以聖人欲上民，必以言下之；欲先民，必以身後之。
是以聖人處上而民不重，處前而民不害。
是以天下樂推而不厭。以其不爭，故天下莫能與之爭。

▲ 憨山解：此教君天下者，以無我之德，故天下之如水之就下也。

此則，譬喻之用。以「江海為百谷王」喻「聖人處下不爭」。然，若只限於此，此則只限於聖人亦或為君主，於我平民百姓有何益哉？於「把人做好」一事，又何有益哉？故知，老聃深意，不單只是教君人者。更深掘之，即知：老聃以「『江海為百谷王』」喻『聖人處下不爭』」之事，再喻「擴大心量，以至無我」是吾人學習效仿之處。

解讀(66-1) 江海所以能為百谷王者，以其善下之，故能為百谷王。

江海，所以能成為容納百川的器皿，因為它之所以能夠善於處下的緣故，所以百川會匯流到大海。

解讀(66-2) **是以聖人欲上民，必以言下之；欲先民，必以身後之。**

所以，聖人要安處於聖人位，必須謙和。要安處於人民之先，必須把饒益人民這件事作為優先考量。

解讀(66-3) **是以聖人處上而民不重，處前而民不害。是以天下樂推而不厭。**

所以，聖人處於上位，但人民不會因此責難他；位處於眾人之前，而眾人不會因此要加害於他。所以，天下間都樂於拱舉他，而不會因此憎厭他。

解讀(66-4) **以其不爭，故天下莫能與之爭。**

什麼原因呢？老聃點出重點——「以其不爭」。

因此，從這裡我們可以看出：「不爭，是『宇宙運行的規律』之一。」

救世主王慈愛：「小心、低調、不爭。」
「菩薩階是無私，佛階是無我。」

67. 天下皆謂我道大，似不肖。

夫唯大，故似不肖。若肖久矣。其細也夫！

我有三寶，持而保之。一曰慈，二曰儉，三曰不敢為天下先。

慈故能勇；儉故能廣；不敢為天下先，故能成器長

今舍慈且勇；舍儉且廣；舍後且先；死矣！

夫慈以戰則勝，以守則固。天將救之，以慈衛之。

▲ 憨山解：此章老子自言所得之道至大，世人不知，其實守者至約也。

實際上，是無所得，所得道之至大，既以合道，則無「得與不得」。守者至約，何也？至約之處，即「心」。守者至約，方寸之間，亦即「制心一處」。心一不亂，不亂，一者云專，二者合道。

慈即愛，儉不貪，不敢為天下先即「不爭之德」。此為老子所云之「三寶」。正心正念，守此三寶，以此合道，天而衛之。

解讀(67-1) 天下皆謂我道大，似不肖。

夫唯大，故似不肖。若肖久矣。其細也夫！

現代話：天下人多認為我好像得了什麼大道，這樣的指

稱並不圓滿。

因為覺得「得了『什麼樣的大道』」，因此看似不圓滿。如果要恆久「合乎」這個道， 不在於「得」，而在於最簡、至近之處。

這裡，若是看不懂，可能會誤以為在玩「得道vs合道」的文字遊戲。所以在此簡單說明一下。

首先，「無所求」與「無所得」是我們修心的基本概念。這個雖然我們可能一時間做不到，但也是依此做為我們「修行、修心」的一個目標。依著這個「無所求／無所得」的理路而來，當然，也就沒有所謂的「得道VS不得道」。那麼，前人用「得道」來形容，也不能說他錯，只是或許用「順道→合道」這個詞，會稍微貼切些。

怎麼說呢？　因為「道－宇宙運行的規律」本身，它就是運行著、作用著。沒有什麼「得與不得」，就是自然地運行，用佛家的語彙來形容，或許也是一種「法爾如是」。

對於我們眾生而言，我們與這個「道」的關係，就是「順著道」或者「逆著道」的關係。那麼，「順道而行」→「合道」→「完全與道相融（沒有覺得自己

合道）」，這順序可說是一個極為簡略的形容。就像在《好運的泉源——把人做好》一書第17章（P143），所用「奶茶」的例子，可參照那一段落。

因此，「**天下皆謂我道大，似不肖**」。「不肖」在此，可以解讀為「不準確、不圓滿」。意思就是剛剛提到的：「天下人都以為我得了什麼大道，或我有什麼了不得的方法，這樣說，是不準確的。」

「若肖久矣。其細也夫！」

如果要說得準確深刻一點，大概就是「守心」這一細項。

「守心」是什麼意思？就是「把心管好，正心正念。」

「正心正念」這本身就可視為一項「選擇」。譬如「害人的心念，在宇宙的規律裡，是不正的。」那我們萬一起了這樣的心念時，是否能覺察？是否能降伏它？或者說，是否能「轉這個煩惱，成為菩提」？譬如，我們在物質界裡生活地這麼習慣，乃至使用這個肉身（物質身體）如此地習慣，然而，我們有沒有察覺到它「空而虛幻的本質」？　因此，「正心正念」這個詞的背後，實則蘊藏著「認知宇宙運行的規律、因果法則……」等內涵在裡頭。當我們了解這些，我們會更能

「檢視自己是否正心正念」。

何以「守心」是一細項呢？「守心」不待外求，僅僅只要把目光向內看，這可視為一細項。這也有點呼應第61章的，「圖難於其易，為大於其細；天下難事，必作於易，天下大事，必作於細。」

而，「把目光向內看」，也就是所謂的「回光返照」，最基礎的方式是「反省」。

解讀(67-2) **我有三寶，持而保之。一曰慈，二曰儉，三曰不敢為天下先。**
慈故能勇；儉故能廣；不敢為天下先，故能成器長

「反省／回光返照／把目光向內看……」的項目是什麼呢？也就是「我們到底要往內看什麼？」

項目要說起來，也是很多，但原則還是「正心正念」。而老子在這裡，舉了三項，可以作為我們反省的項目，並視之為「寶」。這三項，也就是「慈」、「儉」與「不敢為天下先」。老子認為：因為真正的慈愛，所以能夠有大勇；儉約，所以能夠積累而深廣；不爭，就不會折損過多，因此安然成長。

底下我們來看看「老氏三寶」的內涵，以及它與佛家所謂「三毒」的對治作用。

●慈－治瞋。

「不瞋」，是「防治作用」。但「慈愛」更積極的意義，在於「水利萬物」，也就是「利他行」。然而，我們一般人「在利他行」這點，很容易升起「我在利他行」的心態，這就是第10章提到的「玄覽（抱持著一個「我在做什麼」或「我處於什麼境地」的念頭不放）」。

所以，老子說到「水利萬物，而不爭」。「不爭」，除了「處下，謙和」的意思之外，還有「沒有一個『我在做什麼』的念頭」，這是一種心境，可能要體會一下，才會理解。而此章的「不敢為天下先」即指向「不爭」，這待會就會講到。

●儉－治貪。

儉，即「知足、知止」。這當中有所謂的「自律、中道、淡泊，以及對事理的清晰認知……」等。

其中最重要的應屬「對事理的清晰認知」。

我們會「貪」，是因為覺得「某樣東西好」，才會貪。不但貪，而且還要貪多。譬如對食物、對名、利、美色、財貨，乃至功德量……。

拿食物來說，「這包餅干，看起來好好吃。吃了一口，哇，好好吃唷。接著就一塊接一塊，一不小心就吃光了。」可是，在這「好好吃」與「適量」就可以有個拿捏。

「美色」，也不一定是指「人」。「美色」，也可以指美景、美物，但多數人想到「美色」，就會聯想到「人」。

這裡，還是以「人」來作說明。「貪看美色」也是「一種習氣」，這項習氣的根本，還是在於「貪，圖美色」。因為覺得一個人好美、好俊，這個「覺得好美」就是「分別」，這個「貪圖」就是「執著」。

因此，釋迦牟尼佛認為：每個人都有清淨的自性，但為什麼大多數人不能證得？就是因為「嚴重的妄想、分別、執著」。

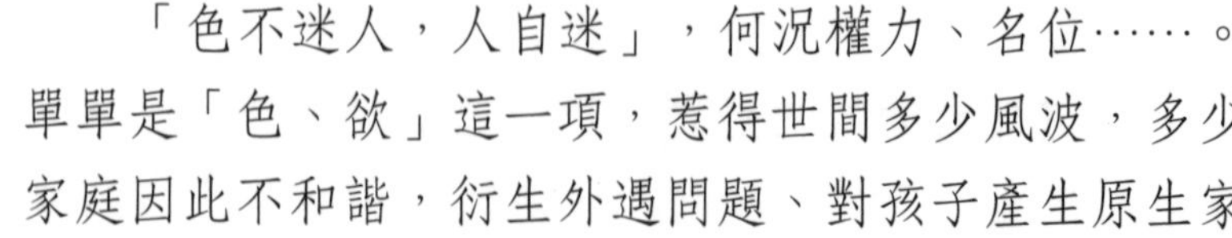

「色不迷人，人自迷」，何況權力、名位……。單單是「色、欲」這一項，惹得世間多少風波，多少家庭因此不和諧，衍生外遇問題、對孩子產生原生家

庭的教育問題，性關係混亂……。所以，「忠於伴侶」這項，在「擇偶」或是「婚姻關係裡」，都是很重要的。「忠於伴侶」這個關係到一個人的「人品」，而不是她／他「美不美／帥不帥」。因此，順道奉勸大家，養護好自己的人品，忠於您們的伴侶，互敬互愛，這樣可以讓世間減少「許多不和諧的家庭關係」，也減少許多對此無可奈何的孩童。

因此，老子提到「儉」，我們不要單單以為「不亂花錢，稱作儉」。**這個「儉，是治貪」。「儉的深意」在於「不要老是把我們這個心念外放，而因此『貪、著』於食物、對名、利、美色、財貨，乃至功德量……等等的事項上」。而「貪」是起因於「我們對『事理的清晰認知』不足」。**

就像《佛說四十二章經》裡有則譬喻，稱作「小兒舐刀上蜜」，這就是在說「沒將事理看清楚」。小孩看到刀上沾著蜜糖，看起來覺得好甜、好好吃，就想要用舌頭去舔。但是他「沒看見」這蜜糖的背後，是一把利刀。「美食、美色、名、利、權位……」，我們只能看到這「刀上蜜」呢？還是得以看見「蜜下刀」呢？如果，能把事理看清晰，就比較不會因為迷惑，而深受其害了。

那麼，基於「對事理的清晰認知」，「自律、中道、淡泊」等生命態度，就會是「自然而然地相應而來」而已。

●不敢為天下先－不痴（智慧）。

佛門所謂的智慧，是相當廣大的。如果要談的話，「不敢為天下先」雖然可以對應到「不痴」，但這應該是「廣大智慧」當中的一項，而不是全部。這是我們首先要理解的。不過，雖然不代表「廣大智慧」的全部，但「不敢為天下先」卻是其中相當相當重要的一環。

「不敢為天下先」所代表的精神是「不爭」，以此進而到「無私—無我」。

「不敢為天下先」不是要我們活得「畏畏縮縮」，也不是要我們「明明可以活出亮麗的人生，卻要活在別人的標籤底下」。

剛剛提到，「慈愛」的積極意義在於「水利萬物」，也就是「利他行」。那麼「不敢為天下先」，就是相應於「水利萬物」而來的「而不爭」。

「爭」的最根本成因，在於「私」。很久以前，曾聽過一句話，叫作「爭名奪利嘸了時」（台語），

是說「人們呀，爭名奪利，沒有個盡頭。」為什麼說「沒有個盡頭」？這有兩種解讀，一則是說「人們，一直未能從『對名利的執著中』出脫，所以看不到盡頭。」另一則是說「人們，在追逐名利的過程中，可能造業，與人結怨，在這般業力與怨結未解的前提下，也彷彿看不到盡頭。」

因此，「自私」不是一件好事。「自利」未必不好，若能「自利利他」，這沒有什麼不好。但，若是「以自私的方式自利」，必然不好。因為，起心動念不好，最初發散出去的心力、頻率不好。所以，不要以「自私」的心態修行。

在下永恆新宇宙中，是現世報，甚至當下就報了。

現世報，是佛門的用語，意思是：我們發出一個不好的心念，以乃做出害人的行為，這股能量，很快就會回到自己身上。這可稱作「受報」。

既然「水利萬物而不爭」是「宇宙運行的規律」，那麼「自私、貪、瞋、害人……」等，當然就是「背道而行」。依照「順道者昌，逆道者亡」的宇宙定律，逆道而行，也就成了自取滅亡。

解讀(67-3) **今舍慈且勇；舍儉且廣；舍後且先；死矣！**

若是人捨卻了「慈愛與勇力、儉約不貪與積累德行」，也捨去了「不爭之德」，如此逆道而行，就是自取滅亡了。

解讀(67-4) **夫慈以戰則勝，以守則固。天將救之，以慈衛之。**

所以，以慈愛為初發心，則戰無不勝。為什麼呢？「以守則固」。因為「慈愛守道」的緣故，因此基礎穩若磐石。天，可稱作「天道」——宇宙運行的規律，也可視為「新宇宙神權」。亦即「真正以慈愛作為初發心」而利益眾生時，這順應了「宇宙運行規律（天道）」。因此，天道也好，新宇宙神權也好，都會對之加以救護。

關於這項，我們在《2019：預言到兑現》乃至《一念之間，再回世界末日？》書中，就可了解到：「何以新宇宙神權，奉　王慈愛為救世主」，這並非其來有自。一個人願意默默付出，又不求回報，此德行的確是會讓人感動的。

老聃所謂的「以慈衛之」是很深切的答案。因為，「以慈愛護祐眾生」的初心不退，不斷地顧全大局，寧

可自己苦，也是正心正念，選擇付出再付出。如此之人，天道怎會不護念祂呢？新神權怎麼會不支持祂呢？

所以，感恩之餘。這些行誼，也是我們在修行／修心上，真正要學習的精神。

若是我們以自私的心，只顧著自己好，求神問卜，求佛菩薩救助，感應也不會深。我在生活中也觀察到：這世間的確有形形色色的人，也有種種的「修行人」。只能奉勸大家，也提醒自己：不要把學佛整成佛學，然後又把佛學搞成「積累自身地位的一種手段」。這是我個人的感慨之語。

去道遠矣太蒼蒼？為何辛苦為誰忙？
群日山頭爭何物？淡看山嵐靜月光。

以上，就是對於「老氏三寶——慈、捨、不敢為天下先」的簡單解讀，提供給諸位參考。

68. 善為士者，不武；善戰者，不怒；
善勝敵者，不爭；善用人者，為之下。
是謂不爭之德，是謂用人之力，是謂配天古之極。

▲ 憨山解：此言聖人善於下人，以明不爭之德，釋上三寶之意也。

★ 救世主王慈愛：小心，低調，不爭。

善於下人：善於處下，如海之謙。
此章重點，旨在不爭。天古之極，猶謂道也。

解讀(68-1) 善為士者，不武；善戰者，不怒；
善勝敵者，不爭；善用人者，為之下。

善於為士的人，不會是好武的。[10]
善於征戰的人，是不會被自己怒氣掌控的。
善於勝過對手的人，不是喜歡與對方相爭的人。
善於用人的人，是謙和下心，不會讓人感到高慢。

10 「士」這一詞有許多含義，西周（西元前約1100？-前771），東周（西元前771-前256）。老子（西元前551-471）為東周時期。在周之前，「士」通常是「武士」的意思，但到了西周，「士」除了武藝之外，還有所謂的「六藝」——禮、樂、射、御、書、數。簡單來說，就是「士」的性質發生轉變。隨著時代的演變，「士」又有了「讀書人」的意義。所以，我們查看「士」一詞時，就會發現它有許多層意義。
而，此處的「士」應為「武士」。

解讀(68-2) **是謂不爭之德，是謂用人之力，是謂配天古之極。**

以上這些，就是「不爭的德性」，這是善於用人的能力，這可謂合乎「天古之極」。「天古之極」也還是在說「宇宙運行的規律」。

以上是第68章的字面意義。較深刻的部分，我們整章一起講。

■不武：

不好武。真正的「士」，是不好武的。好武，就違反了上述第67章「老氏三寶」之一的「慈故能勇」。好武，並非順道的心態。

現今世界，可謂受害於「執政者的『私』與『好武』」。像我們活在「核戰的威脅」之下，或者活在「威權的壓迫」之下。好像動不動，一不合這些人的意，就要用武力來恐嚇世人。好奇怪的現象呀？為什麼我們共處於世，共同生活在這個世界上，我們要受這些人的恐嚇呢？難道「善人就要受欺負，忍辱就不能保護自己」？!不是這樣的吧。

我們期許地球善人能夠大團結，讓善的力量真的發揮，我們想活在一個「和平，不被威權恐嚇的世界。」

也期許執政者，能放下「私」與「好武」，協助這個世界真正的和平，而不是處於「把恐怖做前提的假和諧」。「權力名位帶不走」，但「積功累德」反而能幫您們有美好的未來。祝福您們早日看清這個真相。

這在《一念之間，再回世界末日？》，即有提到這個道理，有從政者，因為履行他此生的任務，　救世主王慈愛慈悲，為其補足功德量之後，該位從政者，已達神仙階的門檻。印象中，救世主曾開示，在新宇宙神權制度中，圓滿尊者階，即對輪迴轉生有選擇權。

所以，是要「活在三維物質界，在那裡爭來爭去」？還是要「提升心靈，活在更高維度，乃至積功累德，搆得到神權，在神權當中能有一席之地」？這就在我們各人的選擇了。

■不怒：

這可說是「不被內在情緒所左右」，也可說是

「不被錯誤的思維見解所迷惑」。「善戰」，多數人都會認為是戰勝外境，然而，我們也不妨再回憶第33章的「勝人者有力，自勝者強」。若一昧追求「對外的勝於人」，那麼很容易就落入「好爭」的心地。所以，「向內——勝己」。「不怒」，戰勝自己的瞋怒心，這就是一種「自勝」。

■不爭：

這是器量，也是順應於道。由於順應於道，所以不用爭。

救世主開示：「真相是，愈想要，愈得不到。」

什麼事，都是這樣。「順應於道」，宇宙自有安排。所以為什麼要我們「向內求、向內修、向內尋」？因為，向內反思自己「是否相應於道」。真正相應時，「不假外求（不用透過向外追尋）」。而這也是禪宗惠能法師所謂的「何期自性，本自具足。」道理就在這裡。

因此，佛門所謂「開悟」？到底是要「開悟什麼？」為什麼惠能法師跟那些向他請教的人談一談，她／他們就「開悟了」？有沒有人想過「他們到底是開悟什麼？」　「開悟」可能有不同的層次，有人說

「有小悟，有大悟」。但是，會不會「這些向惠能法師請教的人」，其實是「悟」到了「向內尋、向內修」，在心地下功夫呢？

所以，我不贊成「把宗教的語彙，弄得好像是某種神祕經驗。

因此，何以個人會選擇親近「救世主王慈愛的開示」？因為，雖然這些開示，有很多我還沒做到，但是，是我聽得懂的，是我可以理解，並且是我可以努力練習的方向。譬如

救世主王慈愛開示：「明心見性：知道自己本性，願意修正，不再造業，即開悟，來世也會越走越輕鬆。凡事反省自己，不去怪別人。」[11]

這些，我聽得懂。

我不是那種很會讀書的人，也不是喜歡研究理論的人。就像之前舉那個洗衣機的例子，只要跟我說洗衣機怎麼操作，我只要知道如何用洗衣機洗衣服就好，我不需要去了解洗衣機的組成元件是什麼？當然，如果有一天，我成為洗衣機的製造廠商，或是維

11　收錄於《修行人的導航》（2022），P83。

修人員，那我就有必要再深入了解。

所以，對現階段的我，講得太複雜、太深奧，反而讓我聽不懂，也覺得用不到。因此，我也嘗試著用「簡明一點的方式」，與各位分享。也許有些人會覺得不以為然，不過，那也是那些人的事。您們能夠理解，聽得明瞭之後，願意實際操作，這比較重要，不是嗎？（笑）

■為之下：

這在說「不卑，不亢」。例子，老聃也舉過了，譬如第66章的「江海所以能為百谷王者，以其善下之，故能為百谷王。」**第39章的**「故貴以賤為本，高以下為基。是以侯王自稱孤、寡、不穀。」

如何「謙虛、不爭」，但又能「活出真實」這是我們要拿捏的。「不卑，不亢」是一個很好的方式。

有一些人強調「無我」，但對這個「無我」的意思，是否真的理解，也很難說。他們覺得「不能提意見，什麼都要順從」，這是他們理解的無我。

有一次，一位同學對我說「你要乖唷，要聽話唷。」bla~ bla~ bla~。我覺得好搞笑。他到底是「真的在學習無我」？還是「被制約成一個小機器人」？

閱讀《道德經》，我們發現「順從」是「順從於道，是順從真理」，而不是順從於人。如果，只是一昧地順從於人，那很可能就變成這位同學說的「你要乖唷，要聽話唷」，這是「依人不依法」。而且，很可能又出現所謂的「威權主義」，這不是我們樂見的。

有時候，發現有一些奇奇怪怪的規矩，也不知道是誰規定的。譬如有人跟我說「出家要幾年之後才能穿土黃色僧鞋」。Why？誰規定的？這跟修行的關聯在哪裡呢？

釋迦牟尼佛教我們的是「依法不依人」，老聃教我們的是「順應於道」。祂們都「希望我們真正認識到真理」，而不是一昧地盲從。之前舉過《葛拉瑪經》的例子，有興趣的人，請找經文來讀，這裡就不再重複。

所以，跟您們分享的這些內容，或者轉述給您們的這些道理，您們可以親自去驗證，沒有說非要誰接受不可。

⊙綜觀第69章，重點是在「不爭之德」。但「不爭之德」蘊含著一些內涵需要我們加以理解。

69. 用兵有言：吾不敢為主，而為客；不敢進寸，而退尺。
是謂行無行；攘無臂；仍無敵；執無兵。
禍莫大於輕敵，輕敵幾喪吾寶。故抗兵相加，哀者勝矣。

▲憨山解：此重明前章不爭之德，以釋上「三寶，以慈為本」之意。

這章，我們將用兩種方式解讀。

A. 第69章初解

解讀(69-A1) 用兵有言：吾不敢為主，而為客；不敢進寸，而退尺。

「用兵」這方面，有這樣的說法：我不敢當那號召征戰的盟主，如果真的要戰的話，當「應邀出戰的應援之師」。也不是要進寸（求得什麼功勳、功利），反而希望能夠退尺（早日結束戰爭）。

憨山法師解本中，「兵主，如春秋征伐之盟主。蓋專征伐，主於兵者，言以必爭必殺為主也。客，如諸侯應援之師。本意絕無好殺之心。今雖迫不得已而應之，然亦聽之待之，若可已則已。」

這就是說明「何以『**吾不敢為主，而為客**』的原因」。春秋時代，已經不是老子所說的太古、上古時期，這意謂著：當時的君王已經與「道」逐漸脫節。在這樣的狀態下，盟主之間的爭戰，往往都是順著權欲、名利，而非順應於道。所以，憨山法師說：「主於兵者，言以必爭必殺為主」。

在這樣的情況下，能夠「止戰、避戰」是比較妥當的方式。「而為客」，就說明一種「不得以而應戰」的態度。因為，「天道不好殺伐」。「好爭、好殺伐」這都「不順天道」。但兵力小的諸侯們，有時遇到盟主要戰，又沒辦法拒絕時，怎麼辦？「為客」。

「為客」，是本著「不好殺伐，只是配合」的立場。迫不得以，而應戰，但是也是聽候盟主的招呼（聽之），而不主動出擊（待之）。可以止息戰爭，就趕緊止息戰爭。

解讀(69-A2) **是謂行無行；攘無臂；仍無敵；執無兵。**

■**行無行**　雖然應邀出戰，但是並非出於爭心，所以彷彿不在軍陣之中。

■**攘無臂**　雖然看似用手格舉，但好像沒有用臂一般。這還是在說明「不得以而應」的態度。

■**仍無敵**　仍，憨山法師解作「相仍，猶就也」。應邀出征，但其實沒有真正把對方當作敵人。這是因為「不是真正想要征戰」的緣故。

■**執無兵**　這還是表示「不是真的想帶兵征戰」

解讀(69-A3)　**禍莫大於輕敵，輕敵幾喪吾寶。故抗兵相加，哀者勝矣。**

憨山法師對這句解作「以輕敵則多殺，多殺則傷慈，故幾喪吾寶矣。」

其實，起初我覺得這裡解得蠻奇怪的。應該是「不輕敵，才會產生多殺的情形」，怎麼會是「以輕敵則多殺」？

後來，發現合理的解讀是：這裡的「輕敵」指的是

「不看重對方的生命」。

「故抗兵相加，哀者勝矣」

所以舉兵應戰，但還是以帶有「慈為本」這精神的，容易獲勝。「哀者」，代表「視戰爭為一種令人感傷的行為」，有此態度，是由於抱持著「以慈為本」的基本立場。

關於第69章，憨山法師說：「此章舊解多在用兵上說，全不得老子主意。今觀初一句，乃借用兵之言。至輕敵喪寶，則了然明白。是釋上慈字，以明不爭之德耳。」

因此，第69章的重點，就在「輕敵喪寶」這句。這裡的「輕敵」，並非輕忽草率的「輕」，而是「不看重對方生命」的意思。「喪寶」，指的是第67章的「三寶——慈、儉、不敢為天下先」。

憨山法師認為此章只是釋第67章的「慈」，其實應該是「慈、儉、不敢為天下先」三項都談到了。慈－而為客；儉－不好出兵；不敢為天下先－非為爭權奪利而出征（不爭）。

B. 第69章再解

那麼，既然老子第69章的意思，只是借用兵（事）談理。不妨，我們跳開上述「用兵」的框框，再看一次《道德經》第69章能帶給我們什麼啟發。

解讀(69-B1) **用兵有言：吾不敢為主，而為客；不敢進寸，而退尺。**

「用兵」，喻「處世」。「人生在世」，何人為主？物質一切，乃至於這個肉身，只是暫用，何曾真有。故曰「不敢為主，而為客」。彷彿「客居」，就像去旅行，住再高級的旅店、民宿，離開就離開了，豪華，也不關我的事，這就是「客居」。

有句成語，叫作「得寸進尺」，就是「過份了」，有點「得了便宜還賣乖」的感覺。譬如，這個地球，讓我們在大地上生活，我們何曾尊重過祂、感恩過祂？我們是抱著「踞傲無禮的人定勝天」觀念，還是「謙虛且知同舟共濟地和平共處」？我們在這星球上生活，是否也知「不敢進寸，而退尺」的「謙和之理」？

解讀(69-B2) **是謂行無行；攘無臂；仍無敵；執無兵。**

■「行(ㄒㄧㄥˊ) 無行(ㄏㄤˊ)」

雖處軍陣，猶如不在軍陣。豈不似「處世界，若虛空」。對不對，不要一直執著在這個世上要「有」什麼，知道這是讓我們來「學習落實心性、學習付出，乃至於學習真心、真愛、真性情、真修實鍊、真修實行……」的場所，那就不會要爭、奪什麼。如果地球人都能認知到這一個真相，朝著這方向去做，地球是能真正太平的。

■「攘無臂」

攘，格擋、捲起。上文說到「這是說明『不得以而應』」的態度」。什麼時候人們會捲起袖子？一般來說，就是做事或打鬥的時候。而「攘無臂」這個意象，彷彿「捲起袖子，卻不見手臂」，這表示「無為」，同時也表示「不是要爭鬥」。

■「仍無敵」

仍，因循。因循著什麼呢？因循著第67章的「三寶——慈、儉、不敢為天下先」。能保持這三寶，也不太容易招來什麼敵人。在此說是「敵」，不妨解作「冤家債主」。也就是說，以「慈、儉、不敢為天下先」作為立身處世的基礎心態，那就不容易再結下新的冤家債主，所以稱作「仍無敵」。

■「執無兵」

這就與「攘無臂」的意思相通，兩者旨在「不要以力壓人，而是以德服人」。

解讀(69-B3) 禍莫大於輕敵，輕敵幾喪吾寶。

世上的災禍沒有什麼比「輕敵」更嚴重的。這裡，要注意聽，這裡是關鍵。一旦誤解其意，去道遠矣。為什麼老子說「**禍莫大於輕敵**」，之後緊接著是說「**輕敵幾喪吾寶**」？

「寶」剛才也提過了，至少有第67章的「慈、儉、不敢為天下先」等三寶。

■「輕敵」有兩層含義：

第一，「不看重對方的生命」。

一旦，「人不把人當人看」，輕賤別人的生命，那就會開始造大量的惡業。像社會上那些殘忍的事件，都是起因於此。

所以，電影《達摩祖師傳》裡有一句詩說：

「血肉淋漓味足珍，一般苦痛怨難申；

設身處地捫心想，誰肯將刀割自身？」

這其實這是中國宋代陸游所寫的〈放生詩〉。

而人，為什麼會「不看重對方的生命」？最大的原因，就是「自私」。「自私」就與「慈、儉、不敢為天下先」相違背。而「老氏三寶」背後的道理，正是「宇宙運行的規律」，也就是「道」。

「不看重對方的生命（輕敵）」，因此「違背了慈、儉、不敢為天下先等三寶」（幾喪吾寶）。這，就是「**禍莫大於輕敵，輕敵幾喪吾寶。**」蘊含的道理思路（理路）。

第二，「輕敵」的「敵」不在外。

這裡「輕敵」，就是指「輕看敵方」，但這個「敵」不在外，而是指「內心」，譬如貪、瞋、痴等，種種的習氣、毛病。

正如《佛說四十二章經》第33章「**佛言：夫為道者，譬如一人與萬人戰。挂鎧出門，意或怯弱，或半路而退，或格鬥而死，或得勝而還。沙門學道，應當堅持其心，精進勇銳，不畏前境，破滅眾魔，而得道果。**」

這就是在講「正心正念，戰勝自己」。

因此，對「輕敵幾喪吾寶」的解讀就成為另一種含義，即「輕忽了自己貪瞋痴等的習氣毛病，就可能使『正心正念』這個最能護衛我們的『寶』一時隱沒了。」

解讀(69-B4) **故抗兵相加，哀者勝矣**

「哀」在此，一曰「慈」，二曰「謹慎」。用於「處世」，意思就是「人生在世，慈愛為本，小心謹慎，順著道走。」這是最佳的選擇。

70. 吾言甚易知，甚易行。天下莫能知，莫能行。言有宗，事有君。
夫唯無知，是以不我知。知我者希，則我者貴。是以聖人被褐懷玉。

▲ 憨山解：此章示人立言之指，使知而行之，欲其深造而自得也。

解讀(70-1) 吾言甚易知，甚易行。天下莫能知，莫能行。

「我和您們分享的這些，也不是什麼很難理解的道理，也是可以落實在生活上的。但是，天下人卻彷彿『無法理解，也不願去行』。」

解讀(70-2)　言有宗，事有君。

「與您們分享的這些，是有重點，且有根據，不是隨便說說的。」

在《好運的泉源——把人做好》中有紀錄，　救世主王慈愛開示：「老子是神權之一」。這些神權降世，通常是有工作要完成的。因此，以這些合道者而言，祂們對於真理的了解，是比我們一般人透徹太多了。

解讀(70-3)　夫唯無知，是以不我知。

「因為世人對於事理不明，所以往往不能真正理解我在傳達什麼道理。」

解讀(70-4)　知我者希，則我者貴。是以聖人被褐懷玉。

「真正能理解『傳達給您們的這些道理』的人，是很珍希的。能夠按照這些道理去行的，更顯珍貴。所以說合道者混跡於世，世人往往當面錯過。」

■**則我者貴**　「則」，按照。

■**被褐懷玉**　被著破舊衣服，實則內懷珍寶。譬喻合道者，處世低調，外相普通，世人難知其真容。

★　救世主王慈愛開示：

「在人間，現在已經有非常多的神佛菩薩轉世人間，所以我常常說，與人相處，互相尊重就好，因為你不知道，你會遇到誰？

外星，靈的級別，可以看得到，希望未來地球也能。」

——收錄於《一念之間，再回世界末日？》

71.知不知上；不知知病。夫唯病病，是以不病。不病，以其病病，是以不病。

▲ 憨山解：此承上言夫惟無知，是以不我知。

■「不我知」，是指「不知我」。

解讀(71-1) **知不知上；不知知病。**

知曉「世人所不知的『道』」，這是殊勝的。未能認知這些「應該知曉的『宇宙運行規律』，這是有缺憾的。

解讀(71-2) **夫唯病病，是以不病。**

■病病

a. 病「病」：此指「不了解宇宙運行規律」。

b.「病」病：此指，理解到「『不了解宇宙運行規律』，這是一種缺失」。

■是以不病：察覺到病症，就有治病的可能，所以說「是以不病」。

■夫唯病病，是以不病

這句看起來有點饒舌。簡單來說，就是：當我們終於認知「不理解宇宙運行規律，是一個問題」時，就表示我們有機會朝著「悟道－行道－合道」而前行。您們看，我們現今社會，最大的的問題，就是「不知『道』」——不知輪迴轉生的真相；不知人生的真義；

不知物質界是很稠密低頻的場域；不知宇宙運行的規律；不知「順道者昌，逆道者亡」的因果道理……

期許地球人，重新對這些「應該理解的宇宙真相」，能夠加以理解。

解讀(71-3) **不病，以其病病，是以不病。**

這就是把上一段「**夫唯病病，是以不病**」再強調一次。為什麼能「不病」呢？就是「找出病根，加以治療」。「病根」，即是「未理解宇宙真相」。關於「病根」，老聃已經向我們點明，治病的方法，祂老人家也在《道德經》各章當中，為我們說明了。甚至在第67章，對我們直接說出了「慈、儉、不敢為天下先」等三寶。這也呼應了第70章的「**吾言甚易知，甚易行。天下莫能知，莫能行。**」祂老人家，並不是跟我們講得玄奧難以理解，甚至可以說「講得相當簡明」，但好像有些人喜歡聽「難一點的，不大好理解的」。

老子對當時的局勢「因病與藥」，而這帖藥方，至今也都還適用。何以如此？因為，至今，對「宇宙運行的規律」不理解的人，還相當地多。我也不敢說自己已理解，且自己有很多不懂，但，覺得在救世主，以及新宇宙神權的開示下，好像逐漸摸索出一條理路，祝福地球朋友們也能朝著「悟道－行道－合道」的路徑前行。

感恩　救世主

感恩　新宇宙神權

72. 民不畏威，大威至矣。

無狎其所居，無厭其所生。夫唯不厭，是以不厭。

是以聖人自知不自見；自愛不自貴。故去彼取此。

▲ 憨山解：此章教人遺形去欲，為入道之工夫，以造聖人無知之地也。

解讀(72-1)　民不畏威，大威至矣。

看到第72章，相信多數人都逐漸進入狀況了。所以，我們就將裡頭的道理說一說即可。

「民不畏威」

這個「威」是指「天威」，但有時候會被「人」誤用，譬如，古時君王喜歡強調（假借）自己是「天子」，是「天威」，這是假借「天的威勢」在管人。

實際上，真正的「天威」是指「宇宙運行的力道」。

「天」呢？不止限於我們以往所認知的「天堂、梵天……」。這裡的「天」，是「全星際網路的三大天」，也就是「全宇宙」。但是，所稱呼的還是「道」，也就是「宇宙運行的規律」。這個規律，是通行全宇宙的，只是各星球的維度不同，所適用的法規不同。然而，「宇宙運行的規律」這個「理」是通用的。譬如，「不貪、不瞋、不痴、不慢……」，譬如說「慈、儉、不敢為天下先……」，這些是「通用的理」。不論，修行領域到多高階，一樣是循著這些理而行。

所以，老子所謂的「畏威」，是在說「順道者昌，逆道者亡」的「因果法則、威勢」。「民不畏威」是說：眾生對這個「宇宙間『順道者昌，逆道者亡』的因果法則、威勢」不能理解，乃至不願「順道而行」的話。那麼，「大威至」——就按照「逆道者亡」的規律走。逆道，是因。亡，是果。

解讀(72-2) **無狎其所居，無厭其所生。夫唯不厭，是以不厭。**

「其所居」可解讀為「這個世界、這顆星球」或是「這個身體」，甚或是指「被框架住的視野」。

■**無狎其所居**　被這個物質世界或身體，乃至受限的視野束縛了，而不自知。

■**無厭其所生**　對這個「被束縛的狀態」樂此不疲。

■**夫唯不厭，是以不厭**

因為不知道這是一種束縛，所以幾乎也沒有「想要突破束縛」的可能性。為什麼？因為被綁得很開心，很習慣，不知道自己被綁住了。

有趣的是，是誰被綁？是「誰」被這個物質世界或身體，乃至成見、既定框架束縛了，而不自知呢？

解讀(72-3)　**是以聖人自知不自見；自愛不自貴。故去彼取此。**

所以，合道的人，知道自己處於什麼狀態，但不會因此誇耀、張揚自己。懂得珍惜自己的位置，而不會有高高在上的傲慢。或者說，懂得愛惜這個身體，而不會因此服膺於「隨著這個身體而來的種種享受」。

■**故去彼取此**：所以，學習去除世染（習氣），而選擇「與道相合的靈性覺醒之路」。

73. 勇於敢則殺，勇於不敢則活。此兩者，或利或害。
天之所惡，孰知其故？是以聖人猶難之。
天之道，不爭而善勝，不言而善應，不召而自來，
繟然而善謀。天網恢恢，疏而不失。

▲ 憨山解：此言天命可畏，報應昭然，教人不可輕忽也。

解讀(73-1) 勇於敢則殺，勇於不敢則活。

這一段的重點在於「敢」與「不敢」。也是承著第72章的「**民不畏威，大威至矣**」而來。也是對第67章「慈故能勇」的進一步說明。

在這個脈絡裡，「勇」是中性的詞，但由於勇而敢（敢於背道／不畏威，即指「逆道」），跟勇於不敢（不敢逆道而行，即指「順道」）。而區分出「殺／亡」與「活／昌」的不同。如果理解這個語意的脈絡，這段應該就不難理解。

「勇於敢則殺」

「民不畏威」就是這裡所說的「敢」，但是，這種「不畏威」的「敢」並不是一件好事。為什麼？這個「不畏威」，是指「敢於與道相違」，也就是與宇宙運行的規律「硬碰硬」。依照「逆道者亡」的原則，當然

可能遭受宇宙的淘汰。這裡的「殺」，指的是「逆道者亡」的「亡」。

「勇於不敢則活」

所以，「慈故能勇」是重點。也就是說：這個「勇」是立基於「慈」。「慈」是「順道」的表徵，所以說「勇」而「不敢」。

解讀(73-2) **此兩者，或利或害。天之所惡，孰知其故？是以聖人猶難之。**

此兩者，指「勇於敢」與「勇於不敢」，就區分出「利／活／昌」與「害／殺／亡」的不同。天道所忌諱的，有幾人真正知道其中的原理？所以，合道的人，也是要很小心謹慎。

這裡「**聖人猶難之**」的「難」，指的是「小心謹慎」。為什麼合道的人一樣要小心謹慎呢？因為，「順道者昌，逆道者亡」這個原則是通行於「全宇宙」。「合道者」之所以成就，在修行領域上有一席之地，這是因為祂們「合於道」的緣故。也就是說，一旦「不合於道」，照樣可能被刷下來。

但，再換個角度想，也表示，每一個靈魂／存在／有情眾生，只要能夠「依道而行」，能夠通過宇宙的考

核，修行領域都有機會向善向上提升。從這點來說，是相當公正公平的。因此，這也是另一個角度的「眾生平等」。

解讀(73-3) **天之道，不爭而善勝，不言而善應，不召而自來，繟然而善謀。**

天之道，即「宇宙運行的規律」。這個規律，還有一些特性，譬如：

■**不爭而善勝**：不爭，因此而戰勝自己的私心。

■**不言而善應**：看似沒有說什麼，卻運行於宇宙天地。

■**不召而自來**：不需要特意去索求，而遍行一切，這表示道之公正。

■**繟然而善謀**：繟ㄔㄢˇ，寬鬆的繩子。繟然，寬綽，舒緩的樣子。善謀，不是善於謀畫，善於謀畫，就不相應於「道之無為」了。善謀，是指「恰到好處，運行得宜」。整句話的意思是「道，運行於宇宙，森羅萬象，但恰到好處。」

解讀(73-4) **天網恢恢，踈而不失。**

這句就承著「繟然而善謀」而來。「道」在運行，舒緩而寬綽，就像虛空中有一個相當相當大的網，看似有一個個的孔洞，而有所疏漏，其實相當圓整周密，不會miss掉。

■恢恢：寬闊廣大的樣子

■踈：古同「疏」

74. 民不畏死，奈何以死懼之？

若使民常畏死，而為奇者，吾將執而殺之，孰敢？

常有司殺者殺。

夫代司殺者殺，是謂代大匠斲。夫代大匠斲者，希有不傷其手矣。

▲ 憨山解：此承上章天道無言，而賞罰不遺，以明治天下者當敬天保民，不可有心尚殺以傷慈也。

解讀(74-1) 民不畏死，奈何以死懼之？

這段話，首要了解的是：何謂「不畏死」？「不畏死」，正如很多的詞語一樣，是有不同的「解讀角度／層次」。

譬如，一個人已經完全瞭解此生「靈命（生命意義，以及所要完成的事）」，甚至已經「所做皆辦」時。「死」，對他們而言，只是離開這個物質軀殼而已。這也是「不畏死」。但是，這點「有可能被有心人利用」(ex:極端的、恐怖主義者)，所以要小心謹慎。這裡的「不畏死」，不是莽莽撞撞地去送死。

而這章的「**民不畏死**」，並不是說「不怕死」。憨山法師解的很好，他說「以愚民無知，但為養生口體之故，或因利而行劫奪，或貪欲而嗜酒色。明知日蹈死亡，而安心為之，是不畏死也。」這就是說：人民每日為了生活、為了利益、為了貪欲，迷迷茫茫地，經常也不會去考慮「生與死、人生意義」等問題。這是此章所謂的「民不畏死」。

那麼，當「民不畏死——汲汲於生活，茫茫於生命」時，「**奈何以死懼之**」，何以要以「死」來威嚇人民？

當然，這點放置今日，可能會產生「廢死與否」的爭議。但是老子的意思，是在以此作譬喻。不妨，我們先把以下的文看完，再看看祂旨在說明什麼。

解讀(74-2) **若使民常畏死，而為奇者，吾將執而殺之，孰敢？常有司殺者殺。**

如果人民是畏死的，而其中有造作奇詭行為的，捉了一個而殺之，誰還敢造惡呢？因此有司掌刑罰的人，執行處罰的工作。

解讀(74-3) **夫代司殺者殺，是謂代大匠斲。**

但是，是誰真正在宇宙間掌刑罰？其實，也就是「道」。實際上，「道——宇宙運行的規律」本身，並沒有所謂的刑罰，或許更確切地說，對「道的本身」無所謂罰與不罰。也就是：道，沒有要罰我們的心，也沒有不罰我們的心。道是運行規律，它只是自然地運行著「順道者昌，逆道者亡」的規律。

而宇宙間，卻有「執法者」之說。這要怎麼理解呢？ 根據，救世主王慈愛的開示，在舊宇宙神權裡，神權是執法者，而阿修羅在當時配合執法。但後來，因為神權中為了權力、利益之爭，嚴重地使用法術，背道而行的現象相當嚴重。在地球年，2018年，神權終於改朝換代，由新宇宙神權接管。

在舊宇宙中，執法神權似乎有收賂的情形。

救世主王慈愛對此審訂：「有少數的神尊確實會如此，但大多數的神尊，選擇正道而行，這股力量，是新宇宙神權的主力。」

在新宇宙神權裡， 救世主開示：「由執法機器人執法，公正無私，執法機器人不收金紙。」「舊宇宙神權，由人類燒化金紙，供神權協調，化解紛爭，道教等的儀式。」

那我們再看回《道德經》的文字。「**司殺者**」與此處的「**大匠**」，應該都是指「宇宙運行的規律——道」。但，上述也說明了，對「道本身」並無所謂「殺與不殺／罰與不罰」，它「只是運行著」一項法則，也就是「順道者昌，逆道者亡」的規律。就像秋天，樹葉凋零，「道本身」，並沒有說「我要讓樹葉凋落」，這只是「自然之勢」，也就是孔子所表達的「天何言哉？四時行焉，百物生焉，天何言哉。」

而「**代司殺者殺**」實際上就等於「**代大匠斲**」。「**代大匠斲**」，斲，音「ㄓㄨㄛˊ」，砍劈。也就是「代道執法」的意思，有點像以前電視劇或電影裡「替天行道」的台詞。但，問題是：「道」到底有沒有請這些人「替它行道」？這就是此處要思考的問題點。

那麼，若把「夫代司殺者殺，是謂代大匠斲。」一句，放置在地球各國做一個對應，很顯然的，是「誰」代替道執法？緊接著要問的是：是「道」要這些人執法嗎？還是這些人，為了治理，而認為自己有權限執法？因此，這就是談到「權限」的問題。

像執法機器人，有執法的權限，而這權限或許是更高的神權賦予他們的。然而，地球人，是否有這個權限呢？這是我們要思考的。

但是這裡，編者也不多說。譬如「死刑廢除與否的議題」，這涉及到許多因素，像受害人的立場，受害者家眷的心情，對社會大眾的影響……，我個人智慧淺薄，也很難去斷定要如何，且我也沒有這個斷定的權限。只是，就著《道德經》的文本做一個解析而已。

解讀(74-4)　夫代大匠斲者，希有不傷其手矣。

而這句話就是說，「代大匠，斲者」，譬如地球執政者，認為是「代替天道」執法，但卻很少沒有傷到自己的。這裡所謂的「傷其手」，其實就是指第67章的「三寶」之一的「慈」。

也許會有人質疑：「既然『道本身』沒有所謂的『罰與不罰』，那怎麼會有『慈與不慈』？」

這個問題很有趣，其實不難回答。

「宇宙運行的規律」既不是您訂的，也不是我訂的。宇宙之間有其運行的一套法則，不是我們可以干預的。而對「道本身」，的確也是沒有所謂「罰與不罰」或「慈與不慈」，對「道本身」，只是「生生不息，永恆運行」，「道」是「自然運行」。或許，可以說這是「理」。

但，在神權的制度裡，有「罰與不罰」或「慈與不慈」，所以有「執法機器人」，有「受報」之說，有「功德量到晉階門檻，通過上天考核，即進階」的制度……。或許，可以說這是「事」。

那麼，「地球各國執政者的執法」與「新宇宙神權的執法」差別何在？

我想：大概就在「合道與否」的不同。也就是——新宇宙神權是「順著道而執法」，但「現今地球各國執政者」未必完全順著道而執法。說到底，這是因為「修行領域層次懸殊」所產生的差別。畢竟，「我們一般人」與「合道者」的視野和處事，還是有所不同的。

第74章小結：

第74章，是藉「司殺／執法」這個例子來談，但重點其實還是在於「慈心不殺」。因此，老子的重點，不在討論「殺與不殺」，祂是勸導各國執政者「如何引導人民『回歸與道相應』，因此得以不倚恃刑罰治國。」

但這也給我們一些啟發：其實，我們也沒有權限去決定「其他動物、植物的存活與否」。像我們地球人，為了自身文明發展，往往砍伐大量的森林。我們是「代司殺者」嗎？不是。我們是「代大匠，斲」嗎？也不是。咦，那我們為什麼那樣輕易地「奪取動植物們的生存之地」？是不是，我們地球人因為權力、利益，因為追求物質發展而忘卻了「我們在地球上，是同舟同濟的處境」？而忘卻了「其他動物」和「人」一樣，本質上都有相同的靈性。

75. 民之飢，以其上食稅之多，是以飢。
民之難治，以其上之有為，是以難治。
民之輕死，以其求生之厚，是以輕死。
夫唯無以生為者，是賢於貴生。

▲ 憨山解：此釋上章民不畏死之所以，教治天下者當以淡泊無欲為本也。

我們先參考憨山法師的註解。

解讀(75-1) **民之飢，以其上食稅之多，是以飢。**

百姓之所以生活匱乏，往往是因為上位者苛稅過重，因而有所匱乏。

解讀(75-2) **民之難治，以其上之有為，是以難治。**

我們先理解「有為／無為」在這裡是什麼意思？

之所以能「無為」，當能「完全順著宇宙運行規律而行」時，就能「真正無為」。這個原理是「順著宇宙的節拍走」，「當完全合拍時」，「為」也等於「無為」了。這個可能初閱讀的朋友，要稍微體會一下，才容易理解。

順著這個道理下來，「『有為』的真正意思」，其實是「未能順道而行」。當用機心巧智治理，反而與「極其簡樸的大道」相違，這個稱作「有為」。

百姓之所以難以治理，其實是因為「未能順道而行」的緣故。

解讀(75-3) 民之輕死，以其求生之厚，是以輕死。

人民之所以「輕死」，也就是第74章所謂的「民不畏死」。在74章也說明「輕死」的意思。

「民之輕死」，並不是說「真的不怕死」，而是「為生活忙碌，而無力考慮到生死問題」。

而人民為什麼如此地忙碌呢？「**以其求生之厚**」

「其」是指誰？有兩個解讀方法。

第一，指「在上位者」。由於上位者，力求於自己的生活優渥、享受，而從百姓取得自身利益，這也呼應本章開頭的「**以其上食稅之多**」。若百姓為了繳納厚重的稅金，往往生活都不太好過。這個放在古代農業時期，特別地明顯。莊稼收成不好，還得繳納重稅時，百姓生活真是苦的很。因此，當人民不得不擔起生活的重擔時，有幾人還有餘力能去思索生命的意義。其實，現代社會裡，生活不易的人，還是相當地多。

第二，以「其」求生之厚，「其」指「指人們自身」。

這是說：我們由於過度追求物質生活的豐厚，而忘失我們生命的真正意義。

但，關於這點，要簡單說明一下，新宇宙中，「中道」仍是相當重要的觀念。

救世主王慈愛曾開示：「我們不是修苦行，而是中道。」「希望大家都有一碗飯吃。」

其實，我個人相當認同這個理念。我應該也能理解「何以救世主會有這樣的理念」。 救世主王慈愛，之前已修至藥師佛階，藥師佛十二大願當中，也可見到這種——「希望人民不要因為生活受苦，祈願眾生豐足，然後能得到『法食、法味』，最終能解脫」的心願。

所以，物質生活的豐厚或豐盈，並不能說它錯。但是，會出問題的點在哪裡？在於「過度追求、沈迷其中、被它綁架而不能自拔」。所以，「中道」的確是合理些。若是對「生活上，已經過得很艱辛的人」說「你要修苦行」，其實不太厚道。所以，藥師佛的十二大願，真的是相當地慈悲。而就修行而言，早年我也覺得「苦行，好像比較有在修行的感覺」，後來，我個人則比較傾向「中道」的修行方式。

什麼是「中道的修行方式」？個人認為：「日常生

活中，依著所理解的真理，調整自己的心性。」這就是「中道的修行方式」。

感覺「沒有特別要做什麼，也沒有特別不做什麼，練習利益他人的才做，害人的不做。順著道走，自自然然，很寧靜，也很灑脫。」這是我個人欣慕的修行方式，也提供給您們參考看看。

解讀(75-4)　夫唯無以生為者，是賢於貴生。

用現代的話來說，就是「不執著、追逐這個肉身的享受，也不沉迷於這個身體的感受，這就勝過『過於重視（迷惑於）身體、生活』的情形。」當人們能不被物質世界的視野侷限時，也就相當於「逐漸推開靈性／覺性世界的大門」。

■「賢於」，即「勝過」。

■「貴生」，如上述的「以其求生之厚」——「上位者的力求於自身生活優渥、享受」，亦或「人們自身過度追求物質生活的豐厚」。

76. 人之生也柔弱，其死也堅強。
萬物草木之生也柔脆，其死也枯槁
故堅強者死之徒，柔弱者生之徒。
是以兵強則不勝，木強則共。強大處下，柔弱處上。

▲ 憨山解：此章傷世人之難化，欲在上者當先自化，而後可以化民。

這章就是一個重點：不要和「道」硬碰硬。
仍是在說明「順道者昌，逆道者亡」的真理。

解讀(76-1) 人之生也柔弱，其死也堅強。

人活著的時候，身體是柔柔軟軟地，一但死後，身體往往就僵硬地不得了。當然，有些人，死後，身體也是軟棉棉地，這是比較少的現象。一般而言，死後，都是僵硬居多。

其實，不用說到「死」，人逐漸成長、老化，除非平時有在鍛鍊、伸展，要不然，多數人身體的「筋」也是逐漸變得僵硬。

在此順道奉勸一下年輕人，現在的年輕人，性發育、性觀念都過早，身體都未長全，網路媒體也很多不單純的訊息，過早有性生活，不是一件好事，不論是男生或女生，這都是很損傷身體的。

解讀(76-2)　萬物草木之生也柔脆，其死也枯槁

■脃，ㄘㄨㄟˋ，古同「脆」。

這句話，跟上句，是一樣的意思。萬物也好，草木也好，有生機的時候，都是具有柔軟度的。而到枯竭的時候，就是乾乾枯枯的。像稻草，有生機的時候，跟被割刈下來之後乾硬的樣子，真的是很不同呢。

解讀(76-3)　故堅強者死之徒，柔弱者生之徒。

上述，人和萬物草木「生時柔軟，死時乾枯」的現象，是老聃的觀察，而這句，就是一個小結論。

此處「堅強」，跟現代的語境不同。現代的用語「堅強」是說：要自立自強。

以前有一段時間，自己過得算蠻苦的，那種苦，有身體上的，也有心理上的。那時，聽過一句話，叫作「我若不勇敢，誰替我堅強」。是呀，在那些孤立無援的時候，有時伸出手，希望人拉我一把的時候，反而被無情地推開，那種感受，真的是不好受。所以，我得自

己鼓勵自己勇敢，自己堅強。幸好，還是有人願意拉我一把，而且佛菩薩也未曾放棄我，想起來，還是要感恩的。然而也因此，我希望其他人不用和我受一樣的苦，就能明白道理。

而，老子在這裡的「堅強」，從字義上來說，應該更傾向於「僵硬、過於強盛」才是。個人覺得佛門裡有一個用詞，應該是很可以解釋這裡的「堅強」，這個詞叫作「剛強」。因此，「堅強（剛強）」在這裡的意思，其實是「硬碰硬」。順此下來，「柔弱」也不是指「弱小」，而是「柔順」——柔順於道。

我們一路解讀到這裡，應該大家都能理解了才是。

「順道者昌，逆道者亡」，若是要跟「道」硬碰硬，當然是自取滅亡，而若能順合於道，自然就較能長存。只是請各位記得：這是「順合天道」，而不是「服膺於某一個『個人』」。

發現：有一些，原本很好的道理，被一些「有心人」一使用，就變得很奇怪。所以，不論是什麼人，如果這個人，乃至這個人所言，用意不是在啟發我們的覺性，不是勸導我們順乎於道，而是要順於他個人，那這就很有問題。

解讀(76-4) **是以兵強則不勝，木強則共。強大處下，柔弱處上。**

「兵強」和「木強」都是譬喻。

「兵強則不勝」　您說，「兵強怎麼會不勝，兵強當然會勝呀，怎麼是不勝？」這是因為，「兵強」不是指「兵力強」，而是指「喜好用兵」。喜好用兵，則於三寶之一的「慈」有所減損，所以說「兵強則不勝」。「不勝」，輸給了自己好鬥、好爭、好殺的心，這叫作「不勝」。

「木強則共」　「共」，在此通「拱」，指眾人用手合抱。何謂「木強則共」？樹木長到要一個人拱起手才抱得起來，或是要眾人環抱，才環繞得起來，可見這樹也是相當大了。人對大樹，通常是幾種對待方式：

- 譬如認為它有靈，是神木，有的就繫上紅布條，不亂砍伐它。
- 有的大樹在深山老林，未被人類發現，所以還能倖存。
- 有的則被砍伐下來做建材了。

「木強則共」

大樹被保護的，相形之下，畢竟是少數，被砍伐做建材的，還是比較多的。所以，「被拱」不見的是好事。

樹木，長成大樹，樹圍大到「足以被一人環抱，或眾人合拱」之後，基本上就是面臨上述幾個狀況了。

然而，人跟樹，還是有些不同的。樹木遭砍伐時，樹木就立在那，沒法跑，但人可以。

綜合上面來看，「強大處下，柔弱處上」就有兩個不同理路的解讀：

1. 與「道」硬碰硬（逆道而行），會讓自己處於劣勢。
   柔順於道（順道而行），則是一項好的選擇。
   道——宇宙運行的規律。
   所以，此處的「強大」可指向「剛強／與道相悖」，而「柔弱」，則是指「柔順於道」。因此，這裡就是多數人所謂的「老氏戒剛強」

   在「這個語境」中，「強大（剛強／硬碰硬）」是不ＯＫ的。

2. 以「累積實力（培養自己做人做事的能力）」做為根基。

但同時，以「小心、低調、不爭」做為處世的態度。

所以，此處的「強大」可指向「厚實自身能力」，而「柔弱」，則是指「柔和的態度」。就好像我們形容一個人「很有料／很有內涵」，但是卻又能「不張揚」。

在「這個語境」中，「強大（累積實力、能力）」則是OK的。

第76章對人的啟發：

(1) 不要與「道—宇宙運行的規律」硬碰硬，這也就是要我們「順道而行」。

(2) 強盛時，更要知道「謙和」的道理。

(3) 「柔弱」，並不是叫我們懦弱，也不是叫我們降低自己的維度。而是要我們「柔順於道」，一樣可以活出光彩。但同時，也了解到「小心、低調、不爭」的道理。

在這裡，想順此提一下，我不知道是不是只有

華人地域比較有這種狀況，還是其他地域也有這種情形。好像，有不少人，原本可以發光發熱，但最終卻選擇黯淡自己的光芒，只是為了符合大眾的期待。什麼原因？因為，在人群中發光發熱，將會顯得「突出」，被視為「怪異」或「在炫耀」……。不可否認，的確也有人是出於炫耀。但，並不是每個人都是炫耀。而且，會不會「有些在我們看來是特殊狀態，但是對那些人而言，其實只是他們正常的樣子」？

而此，也帶給我們一個啟發：若是順道而行，必然會逐漸發光發熱，但是，人，不需要因為別人的眼光，就「失去發光發熱的勇氣，或停下腳步而不往更高的維度前行」。

所以，要如何將「小心、低調、不爭」與「發光發熱」做一個融合，將考驗著我們的「智慧」。

(4) 肚量大一點，隨喜。　這就是「對於發光發熱者，要有能隨喜的心量」

世人有句話說「樹大招風」，類似上述例子「木強則共」，大樹就有遭到砍伐的可能性。

但是，我後來想想，「招風」是「大樹」的問題嗎？一顆能長到參天的大樹，難道非得「抑鬱自己、迎合他人」，而長成一顆被人觀賞用的小盆栽嗎？應該不用吧。有些植物，適合小盆栽，像個小品一般，很可愛。但，有些植物，能夠自由奔放地長成足以蔭人的大樹，Why not！性質不一樣呀，不是嗎？

所以，「樹木不能長成大樹嗎」？要為了避免遭到砍伐的可能性，所以放棄自己的天性，迎合別人，而活成一個小盆栽嗎？這與莊子「燕雀」與「鴻鵠」的譬喻，有著異曲同工之妙。

77. 天之道，其猶張弓乎？

高者抑之，下者舉之；有餘者損之，不足者補之。
天之道，損有餘而補不足。
人之道，則不然，損不足以奉有餘。
孰能有餘以奉天下，唯有道者。
是以聖人為而不恃，功成而不處，其不欲見賢。

▲ 憨山解：此言天道之妙，以明聖人法天以制用也。

本章，我們直接進行解讀。

這一章的重點在最後一段，也就是「**孰能有餘以奉天下，唯有道者。是以聖人為而不恃，功成而不處，其不欲見賢。**」

第77章開始，藉由「張弓」來說明「天之道」。接著，對比出「人之道」的不同。最後一段，用「合道者」來說明「天道規律的特質」。

解讀(77-1) **天之道，其猶張弓乎？高者抑之，下者舉之；有餘者損之，不足者補之。**

現代話：宇宙運行的規律，是恰到好處的，就好像拉開弓，準備射箭一般。如果弓拿得太高，就得低一些；如果拿得太低，就得往上移一些。弓弦，如果拉得太滿、太用力，施力就得小一些；如果弦拉得太鬆，就得再把拉弓的力道加一些。

→這裡，就是說明「恰到好處」，亦即「合乎中道」的道理。

解讀(77-2) **天之道，損有餘而補不足。**

所以天之道，是「平均、公平、恰到好處」的，這也就是「中道」。

上文所說「宇宙運行的規律，是恰到好處的」，即「中道」。

《佛說四十二章經》第34章記載，釋迦牟尼佛以「彈琴，琴弦須鬆緊恰當」為喻，說明「修行」亦復應「不急躁、不懈怠」。

而「琴弦的鬆緊恰當」，跟此處「張弓」的比喻，是一樣的，都是在說明「中道」的道理。

救世主王慈愛開示的「真理，誰來說都是一樣，只是人事物的不同。」真是很有道理呀。

解讀(77-3) **人之道，則不然，損不足以奉有餘。**

這裡的「**人之道，則不然**」就是在說「與道不相應」的情形。其實，最理想的狀態是——「人之道」柔順、相應於「天之道」。但是，很奇怪的是，好像人走著走著，就很容易偏離了軌道。從老子所說的太古、上古以來，一直到現今。世道人心的演變，整體的趨勢，的確是下滑的。用佛家語來形容，或可說是「煩惱愈熾，顛倒愈盛」，用老子的形容，是「離道愈遠」。

而「**損不足以奉有餘**」就是「人之道『背道而行』」的表現。

「**天之道，損有餘而補不足**」簡而言之，稱作「利他」。所以為什麼「利他的心」或「利他行」在修行領域中這樣重要。原因，就在這裡。「利他」是「順道而行」。如果，能「利他」，又能「不邀功」，那就又是更高的心靈層次。

《金剛經》云：「**我應滅渡一切眾生，滅渡一切眾生已，而無有一眾生實滅渡者。**」。豈不也是在闡明「不邀功」的道理。

而「**人之道**」的「**損不足以奉有餘**」，其實就是在說「自私自利」的情形。

「**損不足以奉有餘**」，像古代，天災旱澇，百姓農作收成不好，生活都有困難了，官府還要苛收重稅，這叫作「**損不足以奉有餘**」。人民生活都不好過了，還想從人民那裡多挖點好處。這就是不順天道。而此「不順天道」的根本原因，其實就是「自私、損人利己」。其實，縱然人民生活好過，也「不應抱持」搜刮民脂民膏的心態，因為「自私、損人利己」不順於道。

解讀(77-4)　**孰能有餘以奉天下，唯有道者。**

這裡就說明了：「誰能以大公無私的心，來利益天下，唯有依道而行的人。」

這裡的「**有道者**」也有層次上的不同，譬如是「願意按照『道』的規律而行，但還在練習的人」，或者「真正已經合道的人」，這還是會影響到「有餘以奉天下」之層次差別。有點像是「初發心菩薩」與「已圓滿的菩薩摩訶薩」之不同。

說到「**孰能有餘以奉天下？**」不禁想到　救世主王慈愛，把神權發給祂的薪資買下太陽系，讓我們太陽系在宇宙間得以直接由中央管轄。以及，為地球人鋪路，為地球的黃金千年買單……。我想，這是「以有餘以奉天下——大公無私」的最佳表率。

而今（整理到此章時），是地球2022年11月9日，前陣子得知的信息是：地球，還在「末日」與「黃金千年」之間擺盪。所以，我們地球人能不能完全渡過此災難，進入新世界，就看我們地球人的選擇了。

解讀(77-5) **是以聖人為而不恃，功成而不處，其不欲見賢。**

現代話：合道的人，默默地付出，且沒有要張揚自已做了什麼。把事情做圓滿之後，也不邀功。也不

覺得自己了不起。

78. 天下莫柔弱於水，而攻堅強者莫之能先，以其無以易之也。

故柔之勝剛，弱之勝強，天下莫不知，莫能行。

是以聖人云：受國之垢，是謂社稷主；受國之不祥，是謂天下王。

正言若反。

▲ 憨山解：此結通篇柔弱之意，欲人知而能行也。

→憨山法師認為：這章是對全篇的「柔弱」作個小結，而希望人們了解道理之後，能夠加以落實。

解讀(78-1) **天下莫柔弱於水，而攻堅強者莫之能先，以其無以易也。**

在這則譬喻裡，世間沒有比水更柔弱的了。水，隨方就圓，裝在方盒裡，它就方；裝在圓桶裡，它就圓。化而為雲嵐，凍而為冰霜。但，又能水滴石穿，就著「克服堅硬剛強」這一項，又沒有什麼能勝過「水」。因為，它（水）有著「沒有什麼能替代它」的特性。

解讀(78-2) **故柔之勝剛，弱之勝強，天下莫不知，莫能行。**

所以，「柔弱勝剛強」這個道理，天下人很少有不知道的，但是卻沒有幾個人真能依此去實行的。

解讀(78-3) **是以聖人云：受國之垢，是謂社稷主；受國之不祥，是謂天下王。**

所以，合道的人，認為：能夠承受一國的垢穢的，可說是能讓一國奉之為主。能夠按捺一國不祥之氣的，可說是能讓天下人奉之為王的。

解讀(78-4) **正言若反。**

上面這樣的觀念，實在是宇宙間的規律，但是，世人卻往往顛倒，不能真正了知真相。

⊙第78章重點：

第78章的道理，相當簡明，也符合「大道至簡」的原則。I like it.

在這一章裡，有幾個重點：

(1) 柔弱VS剛強：

柔弱，指「柔順」，柔順於道，隨順因緣中，而能依道而行。
堅強／剛強，指「硬碰硬」，與道相違。

(2) 道理不難理解，但世人知而不能行。

(3) 何謂「受國之垢」、「受國之不祥」？

「垢」與「不祥」，若用佛家語來詮釋，就很好理解。「垢／不祥」，就相當於「業力」。

君主或領導者，通常要同時具有幾個「標配」才能把國家治理好。

⊙ 領導者需具備什麼「標配」？ 一曰福，二曰德，三曰慧。

通常，能當上君主的人，「福」是不可缺乏的，福報不夠的人，很難坐上那個位置。但，可惜就可惜在哪裡？可惜在——「不是」每一位領導者都具有「德與慧」。

然而，「慧」不夠嘛，還能依著智囊團，古代或稱國師、軍師、謀士。就是幫領導者出主意的，但是那種出餿主意的，或是教君主逆道而行的，這也不行。

但是，「德不足」，就很麻煩。很容易就產生「德不配位」的狀況。基本上，一國，或一機構團體，乃至一家庭，其安定與否，能否長治久安，與「德」有著相當大的關聯。原理就在「順道者昌」。

因此，「受國之垢、受國之不祥」，其實就是在說明：一位君主，能否依著「福、德、慧」，引導人民妥善處理「這一國的共通業力關係」。換言之，這一位君主，是否能「順道而行」，而cover這個國家「看得見的政策問題」以及「形而上的業力問題」。這個，才稱作「受國之垢、受國之不祥」。

所以，如果認知到這樣的道理。我們會發現：一位好的、有風範的政治家，她／他們的任務，是相當明確的。「依道而行」，絕對是施政主軸。而在這中間，我們也看見：「真正的政治」，其實是「（領導者）福德慧」與「形而上業力關係」的角力。再往深處說，亦即「人類光明面與黑暗面」的對決，而這裡面的關鍵，即是「選擇」，也就是「自由意志」。

因此，佛門裡說「正知見」很重要，或許也可以從

這個角度切入理解。

只是，比較可惜的是：絕大部分的人，都缺乏「能如實了知當下信息」的能力。所以，絕大部分的人，只能依著「過去經驗的積累、已得知的訊息、所閱讀的書籍或資訊……」，對於「當下」做出判斷。至於，「這些判斷」到底如不如實，也就很難說了。很少有人能像救世主王慈愛能這樣「如實了知當下的局勢」。

所以，關於　救世主王慈愛開示的「地球維度已經從三維到五維」；「2018年神權渡劫，改朝換代，舊神權遭淘汰，演變成新宇宙神權」；「地球，還在末日與黃金千年擺盪」……。關於這些內容，在日常生活中，我是難以和周遭人分享的。或許，也是還未遇到有緣人的緣故。

有一次，拿《修行人的導航》給兩位「我蠻信任的老修行人」看，其中一位，很明顯地展露一種「他覺得我知見有問題」的態度。此外，也曾經和一些修行人聊到「2012的末日之說」，最常見的反應就是「現在不是好好地，哪有什麼2012世界末日」。類似的情況，讓我體會到：我們地球人（包括我），「如實了知當下局勢」的能力，是嚴重不足的。我也因此，見識到修行領域層次的「超懸殊差異」，以及我個人的渺小與不足。

「人外有人，天外有天」，先賢們說這樣的話，還真的是中肯啊。

所以，　救世主王慈愛一再提醒修行人「狂心若歇，歇即菩提。傲慢是每一位修行人的必考題。」

「**天下莫柔弱於水**」，我們是不是能夠「放下剛強的小我，柔順於宇宙運行的規律」，而開發出自身圓滿的「覺性／靈性／神性／佛性」呢？我想，這是第78章，可以啟發我們思考的地方。

79. **和大怨，必有餘怨；安可以為善？**
是以聖人執左契，而不責於人。有德司契，無德司徹。
天道無親，常與善人。

▲ 憨山解：此言聖人無心之恩，但施而不責報，此為當時計利者發也。

⊙本章重點：不邀功，沒有目的

解讀(79-1)　**和大怨，必有餘怨；安可以為善？**

想要解冤釋結，若還引發其他怨懟，與人結怨，這樣算是真正的善嗎？

解讀(79-2) **是以聖人執左契，而不責於人。有德司契，無德司徹。**

■左契：

我們今日叫作「合同」。為什麼叫「合同」呢？譬如，今日的契約書，一式兩份，甲方乙方，雙方都合著同意了，這叫作「合同」。在古代，借貸關係，也是有「符券」，以作為債權的証明。

憨山法師解釋：「契，貨物之符券也。合同剖之，而有左右。貸者執右，物主執左，所以責其報也。」

也就是，一份契約証明，把它剖成左右兩邊，債權人（物主）持有左邊那份，債務人（借貸者）持右邊那份。

■**無德司「徹」** 憨山法師解釋：「徹，周之賦法。時至必取於民，而無一毫假借之意。」

「是以聖人執左契，而不責於人。」

所以合道的人，雖然是借貸給人，但卻沒有想要回收什麼。「執左契」，就是「付出」。

所以，把整句再解讀得精準一點，即是「順道而行的人，只是單純地付出，而沒有想要得到什麼回饋。」可用「施恩，不望報」。這與佛門所謂「三輪體空」的概念是相通的

「有德司契，無德司徹」

因此，這句話就是說「有德的人，施恩不望報。德不足的人，施恩不忘報。」

「有德、無德」差別就在這裡——「不望報」與「不忘報」。有德的人，不期望別人回報。而德不足的人，則是不忘著要對方趕緊償還。

那麼，就著「輪迴」關係也是如此， 救世主王慈愛導航修行人「別人欠我們的，不要討了。我們欠別人的，趕快還，修行路才能走得輕快。別人對我們有恩，如果忘恩負義，也是成冤親債主。」

因此，《道德經》第79章，表面上好像在講借貸關係、有德與無德，但是，會不會當中也隱隱涵蓋「冤親債主、因果關係、輪迴真相」的概念在裡頭，而只是我們沒有看出來呢？

（感恩新宇宙神權開示）

「和大怨，必有餘怨；安可以為善？」

這豈不是指向「冤親債主及因果關係」。想脫離輪迴的機制，卻一直讓自己落於「債務關係中」，這樣不是增添「出離輪迴機制的困難度」嗎？這算是「真正的善」嗎？

至於「有德司契，不責望於人」，白話不正是「別人欠我們的，不要討了。」

解讀(79-3) **天道無親，常與善人。**

現代話：「天道是公平的，宇宙運行的規律是公平的，沒有對誰比較好，對誰比較差。然而，道，畢竟是比較眷顧善人的。」

為什麼「看似」——道，比較眷顧善人？ 其實，道本身「沒有比較眷顧誰」。道，只是很公平、公正地運行著「順道者昌，逆道者亡」的原則，而「善人，之所以為善，之所以稱其為『善人』」，正是由於「柔順於道」的緣故。

而，一個人若是對眾生起了壞心念，甚至用言語、行為、法術傷害別人，這是「因」。這股「負能量（惡因）」，最終會回到這個人的身上，這稱作「受報」。學法術的人，稱作「反噬」。有些人，誤以為法術不會反噬。其實，使用法術害人一定會有「反噬現象」。「反噬」就是「受惡報」，自作惡因，自遭惡果，這叫「反噬」，也稱作「受惡報」。

從救世主的開示中得知：在舊宇宙中，法術，其實是阿修羅的產物。

不論是用來助人，或是用來害人，總之，法術是阿修羅的產物。慶幸的是，在新宇宙中，阿修羅道的制度，已被廢除，相信，法術這種東西也即將被新宇宙全面淘汰。我相當樂見「在新宇宙間，法術被全面淘汰」。如果真能認知到因果道理，是不會去使用法術的。

既然「自作惡因，自遭惡果」，反過來說，「自作善因，自得善果」這個道理，也就成立了。所以說「**天道無親，常與善人**」。天道，並沒有偏私，至於惡果還是善果，就端看「每一個存在／靈魂『自己的選擇』」。

當然，若是「能夠完全地合乎於天道」，而「又不覺得『自己』合乎於天道」，那當然就「所做皆善」。這是個什麼狀態，我還沒達到，所以我也不知道。但，大概就是，「沒有刻意要造惡因，也沒有刻意要造善因，然而由於『完全與道合拍（與道冥合）』的緣故，

也因此自然而然地得以提升靈性／開發覺性／激活神性／直至成佛。」這或可稱之為「不假造作，任運自然」。

80. 小國寡民。使有什伯之器而不用；使民重死而不遠徙。

雖有舟輿，無所乘之；雖有甲兵，無所陳之。

使民復結繩而用之，甘其食，美其服，安其居，樂其俗。

鄰國相望，雞犬之聲相聞，民至老死，不相往來。

▲ 憨山解：此結通篇無為之益，施於治道，可復太古之化。

這篇，以往，我們都用很小的「眼界、視角」在看待這篇。認為「**小國寡民**」就有點像「各個小部落」那般小，而感覺「大國是『大』的」。

事實上，是我們把自己看得太大了，也把地球上的各國看得太大了。什麼意思呢？在地球上，我們覺得所謂的「大國」很大。但，相較於全宇宙而言，「地球上的大國」，其實也是「小國寡民」的概念。或許，「連地球這個星球」，對於「全宇宙」來說，也還是「小國寡民的概念」。

為什麼先和各位提這一段呢？因為，就「目前地球人的生活與科技關係」而言，我們地球人要回到過「**結繩而用之**」的「**小國寡民**」生活，大概不是件容易的事。單單是「放下電腦、手機，拒絕使用網路」，對絕大多數的地球人而言，或有難度。既然如此，我們要如何來看待《道德經》第80章呢？

待會我們先把這章的意思簡單看過，再來探討這個問題。

解讀(80-1) **小國寡民。使有什伯之器而不用；使民重死而不遠徙。**

■使有什伯之器而不用

什伯，可指「古代軍隊的基層編隊」，亦可指「數量眾多，或種類多」之意。因此，「什伯之器」有兩層意思：

(1) 指「古代軍隊的基層編隊」。

憨山法師註：「並十曰什，兼百曰伯。器，材

也。老子自謂以我無為而治，試於小國。縱使有兼十夫百夫之材者，亦無所用之，以民淳而無事故也。」

這就是說，因為國家無為而治，不好兵武，所以縱然有能統領十人、百人的將士之材，也「無用武之地」。為什麼呢？國家若是安定、和平，則不需用兵。

(2) 指「各式器具」。至於是什麼器具呢？在下一段，即可見到有「舟、輿」等。

這句白話，即：小國寡民，縱然有眾多的器具，乃至有將士之材，也多半處於「備而不用」的「無用武之地」。

■使民重死而不遠徙

憨山法師註：「若國多事，煩擾於民。或窮兵致亂，重賦致饑。民不安其居，則輕死而去之。今一切無之，故使民重死，而不遠徒。」

憨山法師的這段註解是說：國家如果常常有繁雜多變的政策，或經常打仗，或課徵重稅，那麼人民在此處就不易安心居住（民不安其居），寧可冒著死亡的風險（輕死），也要遷移到遠方（而去之）。而現在沒有上述的種種問題，因此人民，就會看重生命，不用冒著生命危險而遷居遠地。

這大概是古代搬家、遷居遠地相當不易，越山渡水，山裡有什麼猛獸都難說的很。那什麼原因使得百姓，寧可輕死（冒著生命危險），也要遠遷呢？就是生活太難了，比遠遷還難，所以才不得不遠遷。譬如《阿凡達2：水之道》，傑克一家即是為了避難，而不得不遠遷。

因此，此處的「**使民重死而不遠徙**」，就是形容「（所居之處安定），而人民會珍惜生命，不用冒險搬遷到遠地」的情形。

解讀(80-2) **雖有舟輿，無所乘之；雖有甲兵，無所陳之。**

意思就是：雖然有船與車，不過，由於人們自給自足，國家少事，沒有重稅苛政，人們不需要遠遷他方。所以，也不大會用到船與遠行。雖然有軍力，不過，由於沒有戰事發生，所以軍隊也不會陳列於戰場。

憨山法師認為：這是「不遠徒」和「不好爭」的緣故。而深層原因就是「國家少事無為」。再深層地進行

了解的話，其實也還是「冥合於道」的緣故。

解讀(80-3) **使民復結繩而用之，甘其食，美其服，安其居，樂其俗。**

人民，彷彿回到太古結繩記事的年代，甘於已有的食物，對於已有的衣服也感覺美好足夠，能夠安定地生活，對於這純樸的民風是感到喜悅的。

解讀(80-4) **鄰國相望，雞犬之聲相聞，民至老死，不相往來。**

鄰近的國家城邑可以互相對望，甚至距離近到「能聽到鄰國雞鳴犬聲」。不過，雖然「國與國的物理距離」是如此地鄰近，人民卻終其一生，不會互相侵擾。

第80章 小結

看過第80章的簡單翻譯，個人感覺：「小國寡民」怎麼像是「兩國人民都是宅男、宅女」的狀態。（笑）

說實在話，老聃所謂的「小國寡民」，傾向於「太古結繩文化」。但解讀本章前，也提到：以現今地球人的文明而言，想要回到結繩文化，不大容易了。關於結繩文化，可以參考之前有提到一次的《日本的森林哲學》。該書就有談到日本初始的繩文文化，應該是可以參照的。

雖然，「地球人回到繩文文化」，不是一件容易的事。但是，「提升人類精神／心靈文明層次的高度」，卻是我們可以努力的方向。這也是為什麼，我們一直期許地球人，人人都能成為照亮世界的光之燈塔。人人都成為光之燈塔，那這個地球，不就整個都「亮了起來」。這不是電燈的亮，而是心靈之光，是覺醒、覺悟的力量。

在這個脈絡底下，老子在第80章所謂的「**小國寡民**」、「**結繩而用之……**」，與其說是那樣的生活方式，不如說是那樣的心靈狀態。

當然，最根本的，還是「順道而行地無為而治」、「少欲知足、不好爭、彼此尊重、不相侵擾」的心靈狀態。就第80章，回到最根源的期許是——我們都希望世界和平。不是恐怖的平衡，而是真正的和平。

81. 信言不美，美言不信。
善者不辯，辯者不善。
知者不博，博者不知。
聖人不積，既以為人己愈有，既以與人己愈多。
天之道，利而不害；聖人之道，為而不爭。

▲ 憨山解：此結通篇立言之旨，以明老氏立教之宗也。

解讀 信言不美，美言不信。

實在的話，不一定好聽。
好聽的話，不一定實際。

解讀 善者不辯，辯者不善。

真正順道而行，不需要太多言語或辯駁（因為不是每個人都能理解，「默默而行，單純付出」是原則）。
喜好在言語上爭辯的人，往往未能合於道。

解讀 知者不博，博者不知。

真正體悟真理的人，未必有很多世間的學識（包括宗教上的學問）；

看似有豐富學識的人，未必通達真理。

解讀 **聖人不積，既以為人己愈有，既以與人己愈多。**

合道的人，沒有要為自己積攢什麼，愈是為人著想，反而自己愈有收穫；愈是付出，反而自己所得愈豐盛。

解讀 **天之道，利而不害；聖人之道，為而不爭。**

宇宙運行的規律，（對於森羅萬象）本質上是饒益，而非侵損。

合道者的處世原則，是順應於道，默默付出，而不是要爭奪或求得什麼的。

順道？逆道？地球人將會選擇哪一道？

分享到這裡，也告一段落了。

奇怪，心情卻是很平常。有一種可以暫且休息一下的感覺了。

在有生之年，有幸能將　救世主王慈愛交辦的「有因緣可講《道德經》」這一工作完成，真是太好了。原本，以我拖延症的性格，大概會慢慢地進行。但是，後來發現：會不會拖著拖著，機緣就過了。

可能有些人會覺得「出版這種事，要小心謹慎，以免誤導別人」，或者認為「要等年紀再大一點，等如何如何時，再進行」之類的看法。這些，我並非不明白。而是，自己身體不大好，我如果不及時進行的話，我怕我會因此抱憾而終。畢竟，「生命只在呼吸之間」，不是嗎？！尤其是對一個「身體狀況不大好的人」而言。

如果不是　救世主，還有神權的搭救，雲深都不知死過幾次了。如果，不是這些「一路上救助我的人」，我也難以倖存至今日。在此，雲深致上十二萬分的感恩。

在這樣生命經驗的前提下，實在「不是我不想『等』自己更成熟，內在更豐足時」，再進行這工作。而是，我也不知道「我還能活多久」。

我希望自己能夠「不枉此生」，所以我知道自己應該「及時完成」。

感恩，趕上了。

《老子道德經》，簡說，只有一個重點，就是「冥合於道」。

「冥合於道」，簡而言之，是「把人做好」+「赤子之心」。當然，其中尚有許多細項，就勞煩各位，進入《好運的泉源——把人做好：老子道德經講義（道篇）》與《赤子之心：老子道德經講義（德篇）》的文本中，自行發掘了。

如果您想要對「修行／修心的要領」，乃至「地球近十多年來的概況」做了解。建議您可以從《2019年：預言到兌現》，《修行人的導航》，《一念之間，再回世界末日？》等書，加以了解。而，《下永恆運行改朝換代的人生：新地球人文主義》一書，也可做一參照。這些，都羅列於書後的「參考書目」當中。

可能，以上這幾本書，您「都」閱讀過之後，才會對此脈絡比較有「完整的概念」。如果，單從一個片段來看，我想，還是會有收穫的。但，會相對不易理解「近十年來，宇宙間，究竟發生了什麼大事。」

因緣一直在變化，個人只是就目前「從　救世主王慈愛，所獲悉的訊息」，分享給地球朋友們。地球，目前（2022年底），尚處於「變局」。未來會怎麼變，雲深也不知道。

然而，可以確知的是：地球人通往「黃金千年」的那一把鑰匙，目前還是在我們地球人手上。

「順道者昌，逆道者亡。」

「順道？ 逆道？ 地球人，將會選擇哪一道？」

一切都是如此地自然，我連如何把這本書做個結尾，都不用想。

想來，是　新宇宙神權的護祐。

「大家想聽什麼曲子呀？」在一場「宮崎駿&久石讓主題的音樂會」上，返場時，單簧管樂手這麼問。

「　起風了

起　風了　　　　　幾位大人們，異口細聲，參差地說著曲名。

起風了　　　　　　　」

「孤勇者——」此時，一個堅定的聲音衝出，是一位小孩。

音樂會上的大家，笑了。也許是，這首歌引起大家的共鳴。

也興許，大家共感了這位小朋友的童心直率。

「呵呵呵，真是萬萬沒想到呀。」單簧管樂手說道。

接著，曲目開始，〈菊次郎的夏天（summer）〉音聲響起。

然而，不多時，單簧管樂手用音樂，回應了小朋友的期盼。

6 7 1̇ 2̇ 7 1̇ 1̇　（單簧管樂手開啟即興）

6 7 1̇ 2̇ 7 1̇ 1̇　（〈孤勇者〉旋律開始穿插到〈菊次郎的夏天〉）

其他樂手聽出來了，

慢慢地，小提琴加入，大提琴加入……。

副歌再下時，已然轉換成〈孤勇者〉。感動

優秀的樂手，通力地即興演奏之下，完成了一首獨特的「孤勇者菊次郎之夏」。

我很喜歡影片中對此下的字幕：

「大人只敢小聲地說起風了，小孩卻大聲說出自己的願望，樂手默默替這勇敢的小孩，演奏這特別版的孤勇者。」[12]

令我感動，這就是「赤子之心」的力量吧。

不假造作，沒有那樣多的支支節節，簡單而真摯坦率。

12　〈宮崎駿演奏會被點《孤勇者》！樂手即興換歌爆雞皮〉，EBC，2022年11月23日。
https://www.youtube.com/watch?v=mULJtn9TudU

我想，本書已經與大家分享很多了。這裡，應該不用再多說什麼了。

就用上面這個美好故事，做為本書的收束語吧。

祝願　諸位都能「復返赤子之心，成為勇敢、樸慧、合道的『真人』」。

祈願　地球能順利進入黃金千年，永續經營。

再次，感恩

感恩　救世主王慈愛的開導、審定
感恩　新宇宙神權的開示。
感恩　過程中支持我的朋友們。
感恩　願意閱讀這本書的您們。

雲深法明 謹誌
於 雲深不知處
2022.11.27. 07:21

★ 救世主王慈愛相關書目

☆王慈愛：《2019：預言到兑現》，台中：白象文化，2021年5月初版一刷。

☆救世主王慈愛講述，雲深法明(俗家名:王麻霖)編著：《修行人的導航》，台中：白象文化，2022年4月初版一刷。

《修行人的導航》英文版翻譯中，請期待……

☆救世主王慈愛著，雲深法明(俗家名:王麻霖)編輯：《一念之間，再回世界末日》，台中：白象文化，2023年2月初版一刷。

◆《老子道德經》相關書目

◆新宇宙神權開示，雲深法明(俗家名:王麻霖)講註：《好運的泉源——把人做好：道德經講義(道篇)》，台中：白象文化，2022年5月初版一刷。

◆明・憨山德清著：《老子道德經憨山解／莊子內篇憨山註》，台北市：新文豐，2015年3月再版。（初版為1973年6月）

◆其他相關書目

●達賴喇嘛、Chan,Victor著，朱衣譯：《寬恕：達賴喇嘛的人生智慧》，臺北：時報文化，2005年初版。

●星空穩：《下永恆運行 改朝換代的人生：新地球人文主義》，The Movement of the Lower Enternal Stratum: Life Massively Changes——A New Earth Humanism，台中：白象文化，2018 年8月初版一刷。

●梅原猛（Umehara Takeshi）著；徐雪蓉譯：《日本的森林哲學》：新北市：立緒文化，2022年3月二版（1996年3月初版）。

國家圖書館出版品預行編目資料

赤子之心 ：老子道德經講義（德篇）／雲深法明（俗家名王麻霖）著. --初版.--臺中市：白象文化事業有限公司，2023.9
面； 公分
ISBN 978-626-364-046-7（平裝）
1.CST：道德經 2.CST：注釋
121.311 112008196

赤子之心 ：老子道德經講義（德篇）

審　　定　救世主　王慈愛
開　　示　新宇宙神權
作　　者　雲深法明（俗家名王麻霖）
校　　對　雲深法明（俗家名王麻霖）
發 行 人　張輝潭
出版發行　白象文化事業有限公司
412台中市大里區科技路1號8樓之2（台中軟體園區）
出版專線：（04）2496-5995　傳真：（04）2496-9901
401台中市東區和平街228巷44號（經銷部）
購書專線：（04）2220-8589　傳真：（04）2220-8505
專案主編　林榮威
出版編印　林榮威、陳逸儒、黃麗穎、水邊、陳媁婷、李婕
設計創意　張禮南、何佳諠
經紀企劃　張輝潭、徐錦淳
經銷推廣　李莉吟、莊博亞、劉育姍、林政泓
行銷宣傳　黃姿虹、沈若瑜
營運管理　林金郎、曾千熏
印　　刷　基盛印刷工場
初版一刷　2023年9月
定　　價　580元